弱い者《もん》らが夕暮れて、さらに弱い者たたきよる

〜OSAKA MOTHER'S SON 1980〜

スージー鈴木

ブックマン社

INDEX

4　イントロダクション

7　第一章　八神純子『想い出のスクリーン』

27　第二章　西城秀樹『ラスト・シーン』

45　第三章　庄野真代『飛んでイスタンブール』

67　第四章　原田真二『タイム・トラベル』

87　第五章　堀内孝雄『君のひとみは10000ボルト』

107　第六章　渡辺真知子『ブルー』

127　第七章　浜田省吾『風を感じて Easy to be happy』

149　第八章　久保田早紀『異邦人 シルクロードのテーマ』

171　第九章　渡辺真知子『唇よ、熱く君を語れ』

193　第十章　RCサクセション『雨あがりの夜空に』

215　第十一章　ジョン・レノン／ヨーコ・オノ
『スターティング・オーヴァー』

237　終　章　THE BLUE HEARTS『TRAIN-TRAIN』

本書には、一部差別的表現、公序良俗に反する表現がありますが、当時の時代の空気やリアリティを尊重する意図であえて入れております。また表面的な「ウォッシング」が、今回扱ったいくつかの問題の根本解決にはつながらないという著者の考えも反映したものです。予めご了解ください。

我が母と、さばのゆ須田泰成さんと、栗林書房レッド小阪店に捧ぐ——。

イントロダクション

「あんな、湯の山温泉に来てほしいんや」

　2000年秋のことだった。僕は結婚して3年目、会社員になって10年目。やっと仕事の面白さが分かってきた頃――。僕の折りたたみ型携帯に電話をかけてきたのは母親だった。

「なんでやのん？　わざわざ。俺も忙しいのに」

「いやいや、大事な話があんねん」

　珍しいと思った。話があれば、時間構わず電話をかけてきて、一方的に話す人なのに。その電話にこちらが出られなかったら、長いメッセージを留守電に、何回にも小分けにしてしゃべりまくる人なのに。

　数日後、母親から分厚い封筒が書留で届いた。ご丁寧にも、湯の山温泉への乗車券、特急券が同封されていた。

湯の山温泉とは近鉄《きんてつ》沿線にある三重県の温泉で、具体的には近鉄四日市《よっかいち》駅から、湯の山線に乗り換えた終点にある温泉街だ。僕ら東大阪の少年だった者には、特急の行先表示などで親しんだ名前でもある。なので、関東に住む僕に宛てて同封された特急券は、新幹線と近鉄特急の2種類、かつその往復分と分厚くなっている。

秋が冬に変わる頃の、ある土曜日。僕は湯の山温泉に向かった。ひなびた温泉宿だった。着いたことを母親の携帯に知らせると、すぐに部屋に来いとのこと。両親と兄貴、4人の予約らしいが、部屋は両親・兄貴・僕と別々らしい。それなりに気を遣われているようだ。

僕は自分の部屋に荷物を置いて、両親が泊まる部屋の扉をノックした。

兄貴はもう両親の部屋の中で座っていた。

「今日は来てくれてありがとう。わざわざすまんなぁ。あんな、夜まで待ってもええねんけど、言いたかったこと、先に言うとくわ。実はな……」

わざわざここまで呼んでおきながら、言いたいことをさっさと言おうとするあたり、実に彼女らしい。

「実は、もう今年で、教師辞めることにするわ」

母親は現在62歳。大阪の府立中学の教師として、定年とされる60歳から延長して、2年間、住吉区というところにある中学で社会科を教えていたのだが、それを今年で辞めるというのだ。

「なんでぇ？　楽しそうにやってたのに」

「あかんねん、もう、あかんねん……」

生まれて初めて聞く、あの強気な母親の弱音である。妙な言い方になるが、これを聞くのは、電話ではダメだと思った。どこか別のところ、そう、この湯の山温泉しかないとさえ思った。

同じく若い頃に教師をしながら、のちに大学に転籍、それもすでに引退して、自分の研究を地道に取り組んでいる66歳の父親は、母親の隣で目を閉じながら、無言で話を聞いている。

そして僕は、教師という職業にはつらつと取り組み、どちらかといえば家事はそっちのけ、性格的にもなかなかに強烈な人だったけれど、それでも、こちらが悩んでいるときに、印象的な一言を差し込んでくる母親と、一緒に過ごした少年時代のことを思い出していた。その時代時代の名曲とともに――。

第一章

八神純子
『想い出のスクリーン』

作詞／三浦徳子　作曲／八神純子　編曲／大村雅朗
1979年2月5日発売

1

1979年春、僕は中1になった。悪夢が始まった。

いや「悪夢」とは言い過ぎかもしれない。しかし、その後、年を取ってから過去を振り返ると、中学時代だけ、なんだかチャコールグレイのような、どんよりとした色で包まれている感じがするのだ。

小学生時代はグリーン、高校時代はオレンジ、でも中学時代はチャコールグレイ――。

細かく刻むと、まだ中1の頃は、小学生時代の延長のような感じで、快活なグリーンだった。そのグリーンが、徐々に快活な色合いを失っていって、中2で一気に暗転する。いうまでもなく、校内暴力、学級崩壊、不良……そんな面倒くさいあれこれが現れるからだ。

逆に、僕の方も変化していく。思春期、発育する身体、意識する異性。新しい自我の目覚めと、面倒くさいあれこれが交錯するチャコールグレイの日々。

のちに僕が大人になってから、母親はよく言っていたものだ。

「あんたな、中1までは、学校《がっこ》の話、ようしてくれたのに、中2になってからパタ―っとせえへんようになった。勘づいたで、学校でなんかあったんやろなって」

東大阪という古ぼけた町、ちっとも「ニュー」な匂いのしない町で聴いた「ニューミュージック」。東大阪という、東京から遠く離れた町、ちっとも「シティ」な匂いのしない町で聴いた「シティポップ」。

チャコールグレイのストーリーについてきてほしい。息を殺して80年代を迎えた、東大阪少年のリアルがここにある。

2

中学生になったことの象徴は、毎日着る、いや毎日着させられる詰め襟の学ランだ。首のあたりがどうにもこうにも、圧迫感があってたまらない。そもそも、なぜこんなに気分の悪いものを着なければいけないのかが分からない。

それでも、進学してから数ヶ月も経つと、不思議なことに、詰め襟を少し開けた学ラン姿を楽しむ同級生が現れ始める。「ちょっと不良っぽく学ランを着崩す俺って、かっこええやろ」という感じの気分なのだろう。

詰め襟を閉め続ける軍隊的な規律も嫌だったが、詰め襟を開けて着崩す不良っぽい気分、いや臭気は、もっと嫌だった。

呆れるほど息苦しく、そして退屈な中2の季節が、少しずつ近づいてくる――。

しかし中1の頃は、まだみんなが幼くて、楽しかった。中ランや長ランを着たり、ボンタンやバギーを履くような同級生は、まだいなかった。

担任の先生が、まだしっかりとしていたこともよかったように思う。40代中頃の女性教師で、担当は国語。嘘か本当か、少女時代に満州で、激烈な戦争体験をくぐり抜けてきたらしく、授業中に話す、戦死や餓死がこれでもかと出てくる満州のエピソードに生徒たちはビビって、結果、その先生の言うことをよく聞いたものだった。

入学早々、クラスの連絡網が作られた。連絡網とは、クラスメイトの電話番号を、担任から始まる樹形図のようにつないだもので、要するに、緊急時などの情報連絡網である。

その連絡網、僕の名前の下には、ヤスダの名前が書かれていた。しかし、ヤスダの名前の下に電話番号は無かった。連絡網の不備ではない。彼の家には電話が無かったのだ。

のちに、携帯電話が普及した時代には、固定電話の無い家も増えていくが、79年の東大阪にも、固定電話の無い家があったのだ。その多くは、生き方や信条の問題ではなく、言葉を選ばずに言えば、ちょっと貧しい家庭だ。

僕の家の近所にあるアパートの六畳間に、彼は父ひとり子ひとりで住んでいた。緊急の情報を伝えたり、プリントを渡したりするために、僕はしばしば、その部屋に向かった。

母子家庭の子供はクラスに何人かいたのだが、「父子家庭」は彼の家くらいだった。母親がいない事情など、彼に直接、面と向かって聞かないのが、当時の東大阪の町っ子流だ。しかし、面と向かって聞かずに、周りでヒソヒソと噂するのも、東大阪の町っ子流。

でも彼については、確度の高い噂は流れてこなかった。だから僕も、彼について、余計な憶測や詮索などしなかった。


6月のある日の夕方、ヤスダが休んだので、その日のプリントなどを渡しに、連絡網に沿って、彼のアパートに向かった。彼の住むアパートは、僕が小学校の頃に通っていたそろばん塾の横の路地を進んだところにあった。その頃はまだ「読み・書き・そろばん」という感じで、そろばんの3級くらいを習得することが、基礎教養のひとつとなっていた。ただ僕は、確か8級で挫折したので、塾のあたりには、いい思い出がなかった。

久々に近づいたそろばん塾には、塾の生徒たち、つまりは後輩たちが、楽しそうにどんどんと入っていく。入口のあたりには、塾の先生がいた。でも、半年くらいしか通わなくて、その上8級で辞めた生徒の顔なんて、憶えちゃいないのだろう。こちらには目もくれなかった。

6月の湿った空気が流れてくる。そろばん塾の脇を入って、ヤスダのアパートに向かう。空が狭い。雲が重い。

「ひいらぎ荘」と書かれたアパートの階段をのぼる。元々は赤い金属製の階段なのだが、錆が広がっていて、もう何色か分からない。ギリギリと音を立てて金属階段を上がると、すぐ手前がヤスダの部屋だ。ポストにはチラシが溜まっている。向こう側に共同のトイレと洗面所が見える。

同じ中学の学区、同じ町でも、このあたりは僕の家とは、違う空気が流れている。

コンコン――。ヤスダの部屋をノックした。返事がない。しかしドアノブに手をかけると、鍵はかかっていなかった。

3

部屋のドアを開けるといい匂いがした。向こう側に、布団が敷かれていてヤスダのお父さんらしき人が寝ていた。その手前に卓袱台があって、ヤスダは片膝を立てながら日清どん兵衛を食べていた。ちらりと僕の顔を見る。

「それ、晩飯か？　まだ、夕方やで」

「ええねん、ええねん。腹減ったから」

身体の調子が悪いから休んだと聞いていたが、食欲はありそうで、顔色も普通だった。

僕と彼は、小学校も同じだったのだが、ヤスダのお父さんは、当時からちょっとした有名人だった。もちろんいい意味でのそれではない。

ボサボサの頭に、明らかに着古されてくすんだ大きめのコート。こちらも言葉を選ばずに言えば、ホームレス（当時はもっとあからさまな表現を使った）のような格好で、運動会などに顔を出す。ヤスダはスポーツ万能で、クラスを代表するリレーの選手などに選ばれて目立っていた。息子の活躍に目を細めて喜びながら、彼の出番が終わると、いつの間にか姿を消す。そんな存在だった。

「ヤスダのお父さん、また来てるで。キッタナイなぁ」

彼のいないところで、こういうことを、ヒソヒソと言い合うのが当時の東大阪の町っ子流――僕らは、ある意味とても残酷だった（ちなみに「ヤスダ」は「ス」に強いアクセントを置いて発音した）。

どん兵衛のカップを持ち上げて汁をすするヤスダにプリントを渡して帰ろうとすると、部屋のラジオから、ある曲が流れてきた。電話だけではなくテレビも無い部屋だったので、ずっとＡＭラジオを流しているようだった。


――♪愛しているのなら　愛していると　言葉にすればよかった

「俺なこの曲、気に入ってるねん。頭にこびりついて、気が付いたら、いつでも歌《うと》てんねん」

一滴も残さず汁を飲みきったヤスダはそう言った。

前年の78年に『みずいろの雨』で人気が盛り上がった八神純子のシングル『想い出のスクリーン』だ。僕がまだ小6だった2月に発売されて、中1になった今でも、たまにラジオでかかっている。

特に「♪愛しているのなら　愛していると　言葉にすればよかった」のサビが忘れられなかった。言葉にすることができなくて別れていく恋愛のことなんて、まだ中1、恋愛よりも詰め襟のことが気になっている僕には、想像すらできなかったのだが。

また演奏も、『みずいろの雨』の続編のようなノリノリのリズム感が心地よい。特にエンディングのギターと、バックのリズムせめぎ合う瞬間は、「松原正樹《まつばらまさき》」や「大村雅朗《おおむらまさあき》」なんて固有名詞をまったく知らなかった僕にも、とても洗練されて聴こえてきた。

同じように、ヤスダにも聴こえたのだろう。

「あぁ、八神純子の『想い出のスクリーン』やな。ええ曲やなぁ」

「ヤガミジュンコの『オモイデノスクリーン』ちゅうんや。へぇ。そんで『スクリーン』ってなんや？」

「あぁ、よう知らんけど、映画のことちゃうかなぁ」

「松原正樹」や「大村雅朗」という固有名詞はいうまでもなく、「スクリーン」という一般名詞についても判然としない少年たちが、79年のニューミュージック・ブームを支えている。

「この曲な、俺、ラジオで流れたんを録音したんで、今度カセットテープ持ってきたるわ」

ラジオを聞きながら、気になった曲があると、途中からでもどんどん録音するという奇妙な習慣を始めていた僕には、そんなテープが山ほどあった。彼に貸してあげよう。

翌日の授業前、学校に来たヤスダにカセットテープを渡した。TDKのAD、60分のカセットテープ。分かりやすいように、『想い出のスクリーン』が始まるところで、テープを止めておいた。

「これな。A面、ちょうどあの曲が始まるところで止めてんねん」

「おぉ、ありがとう。早《は》よ聴きたいなぁ」

ヤスダは少し早口に言った。しかし、その言い方には、彼らしい元気がなかった。僕には、それがちょっとだけ気になった。

4

翌日から彼は学校に来なくなった。

早速、噂や陰口好きの悪友＝ノグチが僕のところにやってきた。表情が明らかに高揚している。そして、東大阪の町っ子を象徴するような悪い目をしている。

「知ってるか、ヤスダの家、夜逃げしたらしいで」

「夜逃げ」――初めて生で聞く言葉だ。でも意味は分かる。テレビドラマで何度か見たことがある。

「なんで、急に、そんなん……」

ノグチの顔はいよいよ上気する。人の不幸話に興奮するのが東大阪の町っ子流なのだとすれば、ノグチは、そんな町っ子中の町っ子だ。

「借金やろ。あいつの家貧乏やったからなぁ。リヤカーに家財道具一式積んで、どっか遠い町にでも行ったんやろ」

実は、そういうノグチの家も、「貧乏、貧乏」と陰で言われていた。いかにも古びたたたずまい、安普請《やすぶしん》な建てつけの家を、僕らは「ノグチん家《ち》のバラック」と陰で呼んでいた。

貧しさが貧しさをさげすむ。79年は、まだまだ戦後と直接つながっている。

「ヤスダは借金！　ヤスダは夜逃げ！」

「夜逃げ」という重く大人っぽい言葉を、まるで弄ぶように大声で叫びながら、同級生の男子たちが、バケツをカンカンと鳴らして廊下を走っていく。女子生徒たちはそれを遠巻きに見つめながら、それでも顔は半笑いになっている。

もう本人がいないのだから、言いたい放題だ。貧しかったけれど、顔つきは精悍で、そしてなんといってもスポーツ万能だったヤスダ。「借金」「夜逃げ」と叫ばれるのには、そんな彼へのやっかみもあったのだろう。

1週間ほどして、満州帰りの担任が正式に、彼が転校することを発表した。

「ヤスダ君はなぁ、転校するんや」

担任の言葉に、クラスメイトが過剰に反応する。

「なんで突然、転校するん？」

「やっぱり借金の夜逃げですか？」

僕は、「あ、先生怒るで、これ」と思った。気遣いのかけらもないクラスメイトの言い回しは、担任のいちばん嫌うところだからだ。しかし、担任の反応は、予想に反するものだった。

「それがな、分からへんねん。先生にも……」

表情が陰鬱だった。満州で中国兵に追われた思い出を、意気揚々と話すときとは別人のようだった。そのときクラスの番長的な存在だった野球部のスギモトが、教室の後ろから突然こう言った。

「借金とか、夜逃げとか、勝手に言うたんなや！　お前ら、ヤスダの何知っててんねん！」

これは効いた。一部の男子、そしてほとんどの女子が静かに頷いた。ノグチは困ったような目で、僕の方をチラッと見た。

一瞬の静寂を経て、担任は授業を始めた。

この日を境に、ヤスダのことをあげつらう者はいなくなった。決して、ヤスダを忘れたわけではなかった。それでも、忘れようとしたのだ。ヤスダ、というより、借金とか夜逃げとか、テレビの中でしか見たことのないような、大人の世界のことを。

ついこの間まで小学生だった僕らは、少しずつ大人の世界に近づいていく。いや大人の世界が、少しずつ僕らに近づいてくる――。

5

「お父さん、ヤスダの家な、借金で夜逃げしよってん」

何気なく、父親に話してみた。担任がヤスダの転校を告げた日、あいにく母親が不在だったので、書斎、といっても名ばかりの小さな部屋で書き物をしていた高校教師の父親に話しかけてみた。足音をしのばせて近づいてきた「大人の世界」に対する、漠然とした恐怖感が、日頃そういう話を父親としない僕に、話しかけさせたのだろう。

「なんで夜逃げと分かるんだ?」

ペンを止めずに父親が言った。関東出身の父親は、関西弁を話さない。あけっぴろげな関西人の母親とは対極の理知的な性格もあって、言葉はしばしば詰問調に聞こえる。

関東出身ながら、高校時代に実家で少々揉めたらしく、また次男だったこともあり、東京大学ではなく京都大学を選び、下級生だった母親と出会ったのだという。そして、本当は研究職になりたかったのだが、母親の父親、つまり僕の祖父が早々に亡くなったので、教師の職を選び、母親の家に入ったという変わり種だ。

そんな父親に、僕は関西弁で話し続ける。

「いやな、昔から貧乏貧乏って言われてて、お父さんの身なりも、いかにもボロボロでな」

「それは証拠になっていない。言わば『状況証拠』。夜逃げと断定するのに、決定的ではないだろう?」

いや、そんなことを話したかったわけではないのに。

「ただ……」

父親は、戸惑う僕に構わず、話を続ける。

「もし、本当に、借金で首が回らなくなって、取り立てる人から逃げるために、家を引き払って引っ越ししたとすれば……」

「うん」

「ヤスダ君だっけ？　その彼が引っ越しの日、どんな気持ち、どんな思いで、部屋を出たか、考えてみな」

僕は、ハッとした。そういえば「夜逃げ」「借金」とかの言葉だけで盛り上がっていて、一瞬たりとも、ヤスダや、ヤスダのお父さんのことを考えちゃいなかった。

父親は、僕を諭すように続ける。そしてなぜか言葉が関西弁になっていく。

「うちの家も、そんなに裕福じゃないわけだ。お父さんもお母さんもあんなに働いているのにな。まぁ、教師なんかそんなもんやろ。それなのにお前は、ヤスダ君の家の方が貧しいと、ちょっと優越感に浸りながら、夜逃げの話をしてきた。貧しい奴が、より貧しい奴を責める。弱い者《もん》らが、より弱い者をいじめる。そんなんでええんか？」

――弱い者らが、より弱い者をいじめる？

気持ちが動揺してきた。そして、突然涙が止まらなくなった。残念ながら、そして悔しいけれど、父親の言っていることは、どこをどう突っついても正しい。そして僕は、自分の心の貧しさが暴かれて、いてもたってもいられなくなった。

「おいおい、泣かんでもええがな」

父親が完全に関西弁になる。

「あのな。戦後、日本はずっと貧乏やった。で、今こそ一億総中流とか言いよるけど、お父さんは、日本はまだまだ貧しいと思う。お父さんもお母さんも、これだけ働いてるんやから、もっとええもん食えるはずやし、お前ら兄弟にも、自分の部屋とか、ほんまは持たせられるはずやねん。でもそうなってない。それは何かがおかしいんや」

父親の話は、いよいよ説得力を増してくる。僕に対して、こんな話しっぷりは初めてだ。中学生になったということで、接し方を変えたのか。

「だから、もう一回言うけど、弱い者らが、より弱い者をいじめる。それで得するんは、誰や？」

「誰って……」

そのとき、その答えは分からなかった。それでも、この「誰や？」が、とても重要なことを考えさせようとしていることだけは、痛いほど分かった。

最後は、また標準語っぽくなって、父親の話は終わった。

「とにかく、ヤスダ君が引っ越しの日、どんな気持ち、どんな思いで、部屋を出ていったか、それをちゃんと考えてみな。それがいちばん大切なことだよ」

たった一瞬のやり取りだった。ほんの5分くらいだったろうか。この、ウルトラマンが戦いをすでに終え、どん兵衛が出来上がるあっという間の5分間に、僕は、何かとても重いことを学んだ気がした。

ついこの間まで小学生だった僕を、何かが大人の世界へと引き寄せていく。

6

ヤスダがいなくなって一週間経った。不思議なもので、時間が経ったせいか、スギモトの恫喝のせいか、もう誰もヤスダのことを話題にしなくなった。

僕がずっと気になっていたのは、父親からの問いかけだった。


――「弱い者らが、より弱い者をいじめる。それで得するんは、誰や？」


誰だかは分からない。でも、誰かが得をしているのだとしたら、気分のいいものではない。

なぜ人は貧しくなるのだろう。裕福な人のせいか。だとしたら、裕福な人はなぜ裕福なのだろう。

見渡してみると、東大阪の公立中学なのに、クラスの中には、いろんな生徒がいる。社長の息子で、ガレージに外車が置いてある家のお嬢さんもいれば、ヤスダのような奴もいる。

少しずつ不良っぽい感じに学ランを着崩している男子もいれば、家にアイロンが無いのか、シワシワのスカートで登校してくる女子もいる。

何がどうなって、人は選り分けられていくのか。

そんなことを考えているとき、ふと思い出したのだ――「ヤスダは……僕のカセットテープはどうしたんだろう?」

あのカセットテープには、ジュディ・オング『魅せられて』とか、サザンオールスターズ『いとしのエリー』とか、他にもいい曲がたくさん入っているのだ。失くすのだけは困る——。

学校の帰り道、僕は彼の部屋を訪ねることにした。

部屋は多分、もぬけの殻なのだろう。もしかしたら鍵も閉まっているのかもしれない。それでも僕には、ヤスダが友だちのカセットテープを、黙って持っていくような奴には思えなかった。部屋の中には絶対に残っているという確信があった。案外几帳面なところのあるヤスダだったから、テープをちゃんと巻き戻した形で残されているはずだ。


7月になっていた。それでも梅雨はまだ明けない。湿っぽい水曜日の夕暮れ、僕はまた、そろばん塾の横を、ゆっくりと進んでいく。水曜日はそろばん塾の休みの日だ。誰もいない。

砂利道の路地を、一歩一歩踏みしめていく。砂利道はその名の通り、ふみしめると「ジャリッジャリッ」という音がする。

「ひいらぎ荘」の前に立った。ちょっと緊張した。上を見上げる。狭い空が見える。

——♪愛しているのなら　愛していると　言葉にすればよかった
僕は、心の中で歌った。

7

錆び付いた金属製の階段をのぼっていく。大人の世界への階段のように感じる。借金とか夜逃げとか貧しさとか、僕のよく知らない大人の世界へといざなう階段。

そして、部屋の前に立つ。あのときヤスダはどん兵衛を食べていた。今回は、扉の向こう側に、どんな世界が広がっているのか。

僕は、目をつぶって、扉を開けようとした。開けようとしたら、突然、背後からギリギリという音がした。誰かが階段をのぼってきたのだ。

大人への階段を、大人がのぼってきた！

後ろを振り向くと、やたらと背の高い長髪の男だった。メガネをかけていて、僕は一瞬、岸部シローに見間違えた。そして後ろには女性。シローの彼女なのか、身長低く目線もうつろで、正直冴えない風体の女。

「ヤスダさんな、引っ越したで」

シローは僕に言う。冴えない女が「こんなガキ放っといて早よ行こ」という素振りで、シローを急かす。

「あ、はい、分かってます」

我ながら不思議な答えだと思った。引っ越したのを知っているガキが、なぜ部屋の前にいるんだ。答えになっていない。それでも、今の僕には、カセットテープを取り戻すことが先決だ。立ち去るわけにはいかない。

「さよか」

シローは言い残して、彼女と、廊下の奥にある部屋に入った。シローが残していったタバコの臭いが廊下に残った。

一応、ノックはするものの、当然返事はない。気を取り直して、もう一度扉を開ける。ノブをつかむ。つかんで引っ張る。開いた！　——鍵は閉まってなかったのだ。

扉の向こう側に広がっているのは、思ったよりもきれいに立ち去った跡だった。六畳間だが、隅々まで掃除されているので、広く見える。ヤスダの几帳面な性格は、お父さん譲りだったのかもしれない。夜逃げしたのが本当だとしたら、夜逃げの前に、立ち去る部屋をとことん片づけるものなのか、大人って奴は。

思い切って中に入ってみる。すると部屋の奥、あのとき、お父さんが寝ていたところに、古ぼけた本棚があり、その上に、僕のカセットテープが残っていた。

やっぱりヤスダは、持ち去らずに、ちゃんと残していったのだ。僕の大切なカセットテープを。しかしテープの位置は、『想い出のスクリーン』が始まるところのままだった。

僕は「あっ！」と思って、心の中でつぶやいた——「もしかしたらあいつ、ラジカセ持ってへんかったんとちゃうか？」

ということは、少しばかり悪いことをしたのかもしれない。良かれと思って貸したカセットテープが、生まれてこの方、ヤスダが抑えよう抑えようとしていた、貧しさからくる劣等感に火を点けてしまった格好になった可能性がある。

僕がカセットテープを渡して、「おぉ、ありがとう。早よ聴きたいなぁ」と返したとき、果たして彼は、何を思ったのか。

噂通り、家財道具一式抱えて夜逃げしたのだとしたら、部屋を出る瞬間、真っ暗で狭い空を見つめながら、果たして彼は、何を思ったのか。

――「弱い者らが、より弱い者をいじめる。それで得するんは、誰や？」

僕は、自分の家に戻って、そのカセットテープを聴いた。ちょうどの位置から『想い出のスクリーン』が始まる。

――♪愛しているのなら　愛していると　言葉にすればよかった

それは、ヤスダが聴けなかった『想い出のスクリーン』。それは、ヤスダが聴けなかった『想い出のスクリーン』の中、ヤスダがいちばん好きだった歌詞。僕はちょっと切なくなった。その後の人生で僕は、音楽を聴いて何度も何度も切なくなるのだが、多分そのときが最初だったと思う。

サビが繰り返される。ヤスダも僕も大好きだったサビが。

——♪言葉にすればよかった

何を思ったのか、言葉にしてくれればよかったのに——と思うと、また切なくなった。

切なさを一つひとつ集めながら、僕らは、大人の世界への階段を一段一段のぼっていく。

第二章

西城秀樹

『ラスト・シーン』

作詞／阿久悠　作曲・編曲／三木たかし

1976年12月20日発売

1

少しだけ時を戻す。小学5年生の夏休み。僕は硬く冷たいベッドに横たわっていた。

自宅からの最寄り駅、近鉄中河内《なかがわち》駅前の病院。ちょっとした病気になったら必ず連れて行かれた町医者。奈良岡朋子《ならおかともこ》に少しばかり似たような女医は、近所でも有名なお天気屋で、気分によって、態度が大きく変わる面倒くさい人として評判だった。しかしその、つんけんした奈良岡朋子っぷりは、ある種、医者としての信頼感にもつながっていたのか、その病院はいつも患者で溢れていた。

なんの装飾も無い殺風景な金属製のベッド。左側にはカーテン。カーテンの向こう側にはかかりつけの先生。そして右側に広がるのは、医療器具が雑然と並べられた、いかにも病院の倉庫のような部屋。

いつもは患者でガヤガヤしているのに、今日、とても静かなのは、休診日の日曜だから。昨日の土曜の夜、僕は家の中で気分が悪くなり、嘔吐を繰り返して今、ここで横になっている。その病名は――。

ジカチュードク――。

のちにそれを「自家中毒」と書くことを知るのだが、子供の頃から長らく、「ジカチュードク」という、「ジ」と「ド」の濁点が、なんとも不気味な雰囲気を漂わせる文字列だけで記憶していた。

僕は、また自家中毒となったのだ。自家中毒症。別名「ケトン血性嘔吐症」。子供が風邪や疲労、過度の興奮や緊張などが原因で、急に顔色が悪くなり、吐き気が頻繁に襲ってくるようになる病気。まぁ、慣れたもので一日も経てば回復することは分かっている。それでも、この殺風景な空間に閉じ込められるのは、いい気持ちはしない。ただ問題は、僕が小5にもなって、この病気にかかっていることだ。

かなり前、記憶にもない頃から僕は自家中毒になっていたのだが、その度に、奈良岡朋子は、「こんなん、せやな、小3とかになったら、必ずかからんようになるから。心配せんで、ええで」と繰り返したのだ。しかし予測を通り越して、小4でも、さらに小5になってもかかってしまった。

今回、また自家中毒になった理由は分かっている。ジャンボ鶴田とミル・マスカラスのせいだ。これは冗談ではない。昨夜、土曜20時から始まる全日本プロレスの中継を見た。画面に映ったのは、田園コロシアムで行われたジャンボ鶴田対ミル・マスカラスの試合だった。華麗な空中殺法で攻める「千の顔を持つ男」ミル・マスカラスに対して、若きジャンボ鶴田がしっかりと応戦をする。もう見事な、見事な試合だった。新日本プロレスに対して、全日本プロレスに比較的強かった、どこか鈍くて緩い印象のまるでない、それはもう息を呑む戦いだった。

もちろん当時の僕はプロレスが、シナリオのないガチンコの戦い、純粋なスポーツだと、心から信じていた。ジャンボ鶴田とミル・マスカラスの一糸乱れぬ戦いをテレビの前で見て、異常に興奮した翌日曜日の朝、クラッときて、吐き気を催した。そして今、このベッドの上にぐったりと寝ている。

「先生、小5になっても自家中毒って、うちの息子、どこか悪いんやろか」

「せやなぁ、心の線が細いんやろな。ちょっとこれからも苦労するかもな」

母親と先生の会話が、カーテン越しに聞こえてくる。


――「心の線が細い」。


普通だったら小3くらいで卒業できる自家中毒に、小5になってもかかっている僕は、心の線が細いんだそうだ。もし本当に心の線が細かったら、家庭科の裁縫の授業で触るような糸みたいに細くてヤワなものなら、中学生や高校生になっても、永遠に自家中毒が続くんじゃないか？　そう考えると、言いようのない不安が襲ってきた。壁にかかっている薬品会社のカレンダーにデザインされたモナリザが、そんな僕に向かって不気味な微笑みを見せている。

不安から逃げるように、僕は目を閉じた。

相変わらず頭はボーッとしている。そんな頭の中で、西城秀樹『ラスト・シーン』のイントロが鳴り響き始めた。

１９７６年の暮れにリリースされた曲で、僕はとても気に入った。だから、近所に住んでいて、いつも僕にレコードを買ってくれる通称「レコードのおばちゃん」にお願いして、シングル盤を手に入れたのだ。曲全体の雰囲気が、なんというか宙に浮いている感じがして、また歌詞も白日夢のようなことを歌っていて、とにかく、そんな全体的にフワーッとした感じが、半睡眠状態にぴったりだった。

歌詞は、大人の女性との別れをテーマにしている。いけない恋なのかなんなのか、一緒になれない事情があって、相手である大人の女性が、自分を振って、去っていく。そして自分はひとり取り残される――。

――♪あたたかい春の陽ざしの中で　熱があるように　ぼくはふるえてた

このあたりが、妙な言い方だが、病院のベッドにぴったりだった。また、シンセサイザーのような音が全体的に広がり続けているようなアレンジも、無重力空間の上でフワフワしているような印象を与えてくれる。このあたりも半睡眠状態にぴったりだ。でも、小5の僕が、そんな小理屈を完璧に理解しているわけがない。ただなんとなく、この曲のフワーッとした感じに包まれて、うつらうつらとしていただけなのだが。

2

70年代後半、大阪の男子小学生にとって、プロレスは国民的娯楽だった。

僕が通う小学校は、難聴の生徒を受け入れていて、難聴児童の耳に音が強く響きすぎないよう、板張りではなく、絨毯が敷かれた教室があった。

小3・小4の僕のクラスは、その絨毯教室だったのだが、10歳前後の男子は、ある種残酷で、難聴のクラスメイトのことなど考えず、絨毯をリングだと勝手に見立てて、ドタンバタンと大きな音を立てて、プロレスをする。

16文キック、卍固め、コブラツイスト。技は、どんどん高度になる。

僕たちの最高傑作はローリング・クラッチ・ホールドだ。小さなガキが、身体をつかみ合って、絨毯の上でくるりと回る。気分は当時全日本プロレスにいた気鋭のレスラー、天龍源一郎《てんりゅうげんいちろう》だ。

その頃の仲間、タドコロの家は、鞄の縫製工場を営んでいた。僕らは仲がよく、何度も家に遊びに行ったのだが、2階にあったタドコロの部屋にいても、1階にある、木造八畳ほどの部屋にミシンが3つ4つ並んでいる工場《こうば》から、ギッコンバッタンという音がずっと聞こえてきていた。

ギッコンバッタン——ローリング・クラッチ・ホールドのように機械が回転する音は、町工場が多い東大阪に生まれた子供たちにとって、耳馴染みのある音だ。

ある日、タドコロの部屋で、ギッコンバッタン・ギッコンバッタンという音を聞きながら、僕は提案した。

「タドコロのおっちゃん、覆面作ってくれへんかなぁ」

おっちゃんは、お父さんの意味。鞄のための人工皮革が、工場の奥に山のように積まれているのだから、それをちょっとだけくすねて、プロレスの覆面にしてくれないかと提案してみたのだ。

タドコロがおそるおそるお父さんに聞いてみる。

「アホやなぁ(笑)。しかし、それにしても、君らほんまにプロレス、好きやねんなぁ……」

と呆れ顔をしたのだが、結局、ひとつだけ作ってくれたのだ。人工皮革を見事に縫いつけた一品を。

それもタドコロの「T」マークのワッペンを額につけた、なかなかにかっこいい一品を。


タドコロイヤー!


遠足の日が近かった。行き先は奈良県の平城宮跡《へいじょうきゅうし》だ。中河内駅から近鉄線で、生駒《いこま》トンネルをくぐって向かう、このあたりの小学校では遠足の定番の地である。

様々な施設が立ち並ぶ現在の「平城宮跡歴史公園」ではなく、当時の「平城宮跡」は、何があるわけでもない。単に芝生がのっぺりと広がっているだけの場所だった。


芝生。芝生? ――リング!

「そうや、平城宮跡でプロレスせえへんか?」

かくして、歴史の趣深い平城宮の跡地に、タドコロイヤーが参上することとなる。他のクラスからの嘲笑の中、僕とタドコロイヤーの30分、ならぬ3分一本勝負が始まった。

16文キック、卍固め、コブラツイスト……という定番技をかけあって、最後はやはり、ローリング・クラッチ・ホールドだ。

タドコロイヤーの勝ち。僕の負け。タドコロイヤーがローリング・クラッチ・ホールドを繰り出した瞬間、僕の耳には、ギッコンバッタンと、タドコロ家1階の工場の音が聞こえた。

3

全日本プロレスで「世界オープンタッグ選手権」なるものが開催されることを知ったのは、その1977年の秋口だった。全日本ファンの多い僕のクラスのプロレス好きは興奮していた。

「ドリー・ファンク・ジュニアとテリー・ファンクのザ・ファンクスが優勝やろ」

「いや、ビル・ロビンソンとホースト・ホフマンは絶対強いって」

「まぁ、日本でやるんやから、八百長で、ジャイアント馬場とジャンボ鶴田の勝ちやで」

中には、プロレスがガチンコの戦いではないことを、薄々気づき始めた友だちもいたのだが、それでも全日本プロレスの年末目玉興行である世界オープンタッグ選手権への話題は尽きなかった。

もちろん僕も興味津々なのだが、どうしても自家中毒のことが気がかりでしょうがない。また興奮し過ぎて倒れたらどうしようと思うと、プロレスを見る気がしないのだ。
どうせ、僕の心の線は裁縫の糸、タドコロイヤーの覆面で使われた糸よりも、もっともっと細くてやわなものなのだから。

出場タッグはこの9組。
・ジャイアント馬場&ジャンボ鶴田
・ドリー・ファンク・ジュニア&テリー・ファンク（ザ・ファンクス）
・アブドーラ・ザ・ブッチャー&ザ・シーク
・大木金太郎《おおききんたろう》&キム・ドク
・ラッシャー木村&グレート草津
・ビル・ロビンソン&ホースト・ホフマン
・ザ・デストロイヤー&テキサス・レッド
・高千穂明久《たかちほあきひさ》&マイティ井上
・天龍源一郎&ロッキー羽田《はた》

12月に入って、その世界オープンタッグ選手権は、たいそう盛り上がった。しかし僕は、自家中毒が怖くって、中継を遠巻きに眺めていただけだった。

そのせいか、全体としては盛り上がっているものの、数ヶ月前のジャンボ鶴田対ミル・マスカラスのような、圧倒的な印象を与える試合はないと感じていた。

ただ、あの一戦だけを除いては——。

4

12月15日の蔵前国技館は、日本プロレス界にとってひとつの歴史となった。

世界オープンタッグ選手権の優勝がかかった形で、ザ・ファンクス対ブッチャー&ザ・シーク組が、選手権における得点が同点同士のまま対決することになったのだ。

その伝説的な試合は数日後にテレビ中継されたのだが、もう壮絶、いや凄絶な展開で、僕ら大阪の下町含めて、全国のプロレス・キッズが、テレビの前に釘づけとなった。

アブドーラ・ザ・ブッチャーとザ・シークは「凶悪コンビ」「史上最悪コンビ」などと呼ばれるヒール（悪玉）のタッグで、次から次へと反則技を繰り出すことで知られていた。

逆に、ドリー・ファンク・ジュニアとテリー・ファンクの兄弟コンビ＝ザ・ファンクスは、典型的なベビー・フェイス（善玉）で人気が高く、特に端正な顔立ちで清潔感溢れる、弟のテリー・ファンクは絶大な人気があった。

クリエイション『スピニング・トー・ホールド』というテーマソングに乗って、先にリング上に現れたのはザ・ファンクス。そして、凶悪コンビが、ピンク・フロイド『吹けよ風、呼べよ嵐』に乗って現れる。カンカンカーン！　ザ・ファンクスが凶悪コンビに、いきなり襲いかかっている間にゴング。試合が始まる。開始当初は、ザ・ファンクスが一気呵成に攻撃していて、この試合、案外早く決着がついて、彼らがすぐに優勝するんじゃないかと、僕は思った。しかし凶悪コンビは、強烈な反則攻撃に転じて、ザ・ファンクスは防戦一方となり始める。

ムードが決定的に変わったのが中盤、凶悪コンビは、五寸釘やフォークによる凶器攻撃を繰り出し、テリー・ファンクの右腕をめった刺しにして、大流血させるのだ。

テリー・ファンクの右腕から、真っ赤な血がしたたり落ちて、リングを赤く染める。

「ブッチャーとシーク、最悪やなぁ……」

野次と怒号が飛び交う蔵前国技館。どう見ても、観客のほとんどがザ・ファンクスの応援をしている。しかし、そんなことを意に介さず、凶悪コンビはテリー・ファンクの右腕を攻め続ける。テリーがリングから一度出て、応急処置を受けざるを得なくなるほどに。

2階の居間、というか、両親の寝室であり、我が家で唯一クーラーが備えられた部屋であり、冬はこたつ部屋であり、そしてテレビを囲むように本棚が置かれて、父親が集めたカール・マルクスの本がずらっと並んでいるという奇妙な空間で、僕はブラウン管の前に座っている。

でも、テレビを見始めては、興奮してはいけないとトイレに行ったり、自分の学習机に戻ったりとウロウロしながら、それでもやっぱり見たいとテレビの前に戻り……を繰り返しているうちに、ザ・ファンクスがみるみる劣勢となり、テリー・ファンクの右腕が、みるみる真っ赤に染まっていく。

僕は意を決した――テレビの前にどんと座って、ザ・ファンクスを応援しよう！

するとその瞬間、テリー・ファンクが復活する。

5

リングの外から、両腕に包帯を巻いて再度リングに上がり、凶悪コンビに対して、テリー・ファンクが大反撃。それを盛り上げるかのように実況が「テキサスブロンコ！」「テキサスブロンコ！」と絶叫する。

「テキサスブロンコ」

この、テリー・ファンクの代名詞である8文字が、一体どういう意味なのかは分からないのだが、それでもその響きは僕を興奮させ、鼓動や血圧を高める呪文になった。

「いてまえっ！　テキサスブロンコ！　テキサスブロンコ！」

僕はテレビの前で、小声で叫ぶ。右腕が傷ついたテリー・ファンクが、左腕でアブドーラ・ザ・ブッチャー、ザ・シークにパンチの連打。

「テキサスブロンコ！　テキサスブロンコ！」

遠く離れた大阪から、僕は応援の連打。パンチ、応援、パンチ、応援——。カンカンカーン！ゴングが鳴る。試合結果は、凶悪コンビがレフェリーのジョー樋口に、苦し紛れの暴行を加えて反則負け。ザ・ファンクスの勝利。ふと気がつけば僕は、自家中毒のことなど忘れて大興奮していた。

「テキサスブロンコ、テリー・ファンク！」

僕がテレビに合わせて叫んだちょうどそのとき、母親が足早に階段をのぼって、部屋に入ってきた。

「テキサスなんとかもええけど、あんた、大丈夫か？　そんなに足バタンバタンしながらプロレス見て、また自家中毒になるで」

僕は我に返った。我に返って、怖くなった。またあの自家中毒、あの吐き気が押し寄せてくるのかと思うと、ゾッとした。頭の中に浮かぶ細い細い心の線——。カンカンカーン！

母親の言葉を聞いて、自家中毒へのゴングが心の中で鳴ったような気がした。一気に興奮が冷めた僕は、さっさと風呂に入って、早めに寝ることにした。

6

22時過ぎ。二段ベッドの上に横たわった。下段の兄貴はまだ一階にいて、部屋は静か。それでも「テキサスブロンコ！」の興奮がまだ残っていて、ちゃんと眠ることができない。

まだ吐き気は催していない。それでも眠気と興奮が中和したのか、自家中毒のときのような半睡眠状態に陥った。すると、また聴こえてきたのだ――『ラスト・シーン』が。

あのフワーッとしたイントロが頭の中に響いてくる。そして、そのイントロは、テリー・ファンクやアブドーラ・ザ・ブッチャーの残像をかき消して、身体を無重力空間の中に浮かび上がらせる。

「この曲が始まったということは、また自家中毒にかかってしもたんかな?」

うっすらとした意識の中で思いながら、心の中に響く『ラスト・シーン』に耳を澄ます。

すると、病院のベッドの上よりも、西城秀樹の歌う歌詞がクリアに響いてくる。

――♪ありがとう　幸せだったわ　一緒に歩けなくってごめんなさい
――♪ありがとう　幸せだったわ　出来ればもっと早く逢いたかった

目の前に広がるのは強い陽ざしの下の舗道だ。どう見ても東大阪ではない。これが、見たこともない東京なのか?　もしくはどこか無国籍な都市にあるアスファルトの上――。

大人の女性の姿は見えない。ただ、ぼんやりとした影が、少しずつ僕の目の前から遠ざかっていって、小さくなっていく。

「ありがとう」とだけ言い残して、僕の前から去っていく。

無性に淋しくなって、僕はその影に目を凝らして、影を振り払って、大人の女性の姿を捉えようとした。するとそこに見えてきたのは、大人の女性の姿ではなかった。そこにいたのは――僕だった。

幼稚園時代だろうか、小学校に入ったあたりだろうか。とにかく今よりは幼い僕。そして、その僕は、感情のおもむくままに笑って、怒って、そして、興奮してギャーギャーと泣き叫んでいる。そんな幼い僕の姿が、どんどん小さくなっていく。僕に「ありがとう」とだけ言い残して。『ラスト・シーン』の歌詞に出てくる「あなた」は、どこかにいるのであろう見たことのない「大人の女性」ではなく、幼い頃の僕だったのか！

幼い自分へのさよなら。自分の中の幼さへのさよなら。僕の中にいる過去の僕との決別。僕の中にいる過去の僕、今よりもっと子供だった頃の僕のラスト・シーン――。

7

翌朝日曜日、目が覚めた。爽やかな朝だった。吐き気はまったく感じなかった。家族は何事もなかったように、すでに起きて、いつもの日曜日を過ごしている。もうすぐお正月なんだ。みんな忙しい。

あれほど興奮したのに、僕は自家中毒にならなかった。直感だが、もう自家中毒にはならない気がした。自家中毒を乗り越えた感じがした。もしかしたら、西城秀樹が乗り越えさせてくれたのか。もしかしたら僕は、西城秀樹のような大人の男になれるのか。

「お母さん、自家中毒になれへんかったみたいや」

喜びの面持ちで僕は言った。ベランダで忙しそうに洗濯物を干している母親は、しみじみとした

表情をして、

「あぁよかったなぁ。あんだけ興奮してたから、また、倒れるかと思《おも》たで」

洗濯物を干しているベランダの向こう側には、年末の空、冬晴れの日差しが降り注いでいる。

「ちょっとは太くなったんかなぁ、心の線……」

「いやいや、まだまだガリガリに細いで。アントニオ猪木に比べたら」

昨日の試合、アントニオ猪木は出ていないぞ、そもそも猪木は新日（本プロレス）だろうがと思いつつ、

「これで、もう自家中毒にならへんかったらええなぁ」

と言った僕に母親はこう返してきた。

「そうかもしれんな。でも、心の線が図太かったらええっちゅうもんでもないで。世の中にはいろんな人がおる。うちのクラスにも、細い細い、ほっそい生徒、おるで」

僕の母親は、公立の中学の教師なのだ。担当は社会科。この頃は、教師としてもっともバリバリとやっている頃で、担任も持っていたはずだ。

だから僕との会話の中に生徒の話がよく出てくる。対して僕は「そんなん知らんがな」と思いながらも、バリバリと快活に働いている母親の姿も想像できて、少しばかり誇らしかったりもした。

母親は話を続ける。

「でもな、そういう子がまた、可愛いねん。線が細いっちゅうか、繊細っていうんかな」

そこで母親は、その後、僕がずっと忘れることのできない言葉をつぶやいた。

「心の線が細い人の気持ちが分かるんは、心の線が細かった人だけやで」

そう言いながら僕に背を向けて、ベランダが面している向かい側の家の方に向かって、「テキサスブランコ！」と叫んで僕の方を振り返って、こう言った。

「ちょっと違《ちご》たかなぁ？」

8

その後、僕は自家中毒になることはなかった。さらには旅行などでいつも僕を悩ませていた乗り物酔いをすることもなくなった。そして、『ラスト・シーン』がふと脳内に響いてくることもなくなった。自分のことをずっと子供だ子供だと思っていたけれど、このまま一生子供なんじゃないかと思っていたけれど、そんな僕も、少しずつ大人になっていくのだろうか。少しずつ、少しずつ。細いと言われた心の線も、ちょっとは太くなったのかもしれない。あれだけ流血しても、最後まで力強かったテリー・ファンクの腕ほどじゃないけれど。

「テキサスブロンコ！」

心の中で叫んでみる。そして自分の青白い腕を見てみる。テリー・ファンクに程遠く、まだまだ細い。ガリガリだ。タドコロイヤーの腕よりも細い。でもこの細い腕が、さらに細い誰かを守る日が来るのかもしれない。

「テキサス・ブランコ！」

ブランコに乗るような、ちょっとだけ明るい気分を携えて、僕は小学校最終学年になろうとしていた。

第三章

庄野真代
『飛んでイスタンブール』

作詞／ちあき哲也　作曲／筒美京平　編曲／船山基紀
1978年4月1日発売

1

1978年、僕が小6になってすぐの春。その頃僕に向かって、いくつかの新しい風が吹き始めていた。

ひとつは「大人への風」だ。6年生になった瞬間、僕の周り、特に同じクラスの女子が、急に大人びて見えてきた。それまでは「異性」という感覚などまるでなかった。ほんのりと好意を寄せていたカワダにしても、異性として、というよりは同性の友だちの延長として好きという感じだったのに、この春、ほんの少し膨らんだカワダの胸を見て、大人、というか「女」を感じ始めたのだ。「大人への風」――それは、どこかくすぐったくて生温かい風だった。

ふたつ目の風は「ニューミュージックの風」である。もう、この頃になると「ニューミュージック」という言葉が流布していて、僕の口の端にも頻繁にのぼるようになっていた。

「吉田拓郎や井上陽水から始まった、職業作家の手によらない自作自演の若者向け音楽」というのが、当時使われていたニューミュージックという言葉の具体的な意味合いなのだが、当時の僕には、もっと漠然と「歌謡曲よりも新しくて、もっとかっこいい音楽」ぐらいに捉えていた。そんな、「ニューミュージックの風」の噴出口となっていたのがアリスである。

谷村新司も出演していたラジオ番組＝MBS『ヤングタウン』、通称「ヤンタン」などをすでに聞いていた僕は、それらの番組から流れるニューミュージックをも、同級生よりも一足先に、一身に浴びていた。

ニューミュージック勢は、ラジオでは陽気だったが、彼らが生み出す音そのものは、とてもクールだった。僕よりひと世代上の兄ちゃん・姉ちゃんが、クールかつ俯瞰的に世の中や恋を捉えているという感じの曲が多かった。

「ニューミュージックの風」――それは、ひとつ目の風よりもクールな風だった。

そして3つ目の風は「ノグチの風」だ。ノグチとは、小5・小6と同じクラスだった友だちの名前だ。これは言い換えると「不良の風」。ただ、当時の大阪で目立ち始めた、いわゆる不良、のちのヤンキーという意味でのマッチョな不良ではなく、もっとスケベでゲスで、つまりはなんというか、趣味の悪い「不良」である。

たとえばノグチは、近所を流れる中河内川の河原で見つけたエロ本を教室に持ってきて、それを女子に見せて、嫌がる反応を楽しんだりする奴だった。小6になったにもかかわらずスカートめくりをしてみたり、それどころか、中学生の女子と付き合っているという噂もあった。性格は僕と全く違っているにもかかわらず、ノグチと僕は妙に気が合って、河原の湿ったエロ本探しに付き合わされたり、彼が別の小学校の誰かと、小さな空き地で喧嘩をするときに、その見張りなどをさせられたりもした。「ノグチの風」――それは、温度は高くも低くもない平熱なんだけれども、独特の臭気がちょっとだけ混じっている。

78年春の東大阪。「大人への風」「ニューミュージックの風」、そして「ノグチの風」が僕の周りで吹き乱れて、吹き混じって、後にも先にもない、とってもおかしな事件が起きた。

その事件の名前は「飛んでイスタンブール事件」。東大阪にあるイスタンブールで、僕が本当に飛んだという、おかしな出来事。その発端となったのは、もちろんノグチだ。

2

小6になったばかりの春。日曜日の朝、二段ベッドの上、起き抜けの身体でAMラジオを聞いていた。

・庄野真代『飛んでイスタンブール』
・中原理恵『東京ららばい』
・渡辺真知子『かもめが翔んだ日』

この3曲を流しながら、パーソナリティは「これらの曲は、いわゆる歌謡曲とは違う、なんちゅうか、歌謡曲とニューミュージックの間みたいな曲なんです」と説明した。

正直、3曲ともよく知らない曲だった。渡辺真知子については『迷い道』のヒットで、歌手名としては認識していたが、庄野真代、中原理恵については、歌手としても未知の存在だった。

それでも、小6にして、筋金入りのヒット曲好きだった僕は確信した——「この3曲はヒットする」。これからは「歌謡曲とニューミュージックの間みたいな曲」が流行っていくということも。

その日の午後は、草野球の日だった。試合前に、仲間のノグチが聞いてきた。

「お前、音楽好きやろ。最近、ええ曲ないかな?」

「これからはな、庄野真代、中原理恵、渡辺真知子やで」

「知らんなぁ。どんな曲歌ってんねん?」

「『飛んでイスタンブール』いう曲や。ちょいちょいラジオでかかってるで」

「イスタンブールって地名か? どこや? 朝鮮か? それを聴いてるお前もチョンコか?」

ノグチという男は、こういう、わざわざ言わなくていい露悪的なことを言う自分に、少しばかり酔っているフシがあった。「チョンコ」は、当時の僕たちの会話における在日コリアンを表す隠語だった。「隠語」という言葉も知らずに、僕らは無邪気に使っていた。

ノグチの露悪トークは、いつも僕の心の奥をえぐるような感じがする。だから今回も無視していると、彼はさらに妙なことを言ってきた。

「国道超えたあたりに、ちょっと変な場所があるん、知ってるか? あそこか? イスタンブールって」

「変な場所ってなんや?」

「いやな、オカンに聞いたらな、ああいう場所は、危ないかもしれんから、あんまり行かん方がええって言うてたとこ。そんなん聞いたら、行きたくなるやんなぁ!」

僕は直感した。その場所は「あれ」ではないか。いや、「あれ」に関して、詳しくは理解していなかったのだが、それでも、これまでの生きてきた経験の中で、「あれ」について軽々しく触れてはいけないことを勘づいていた。

「あんなぁ、そういう話は、あんまりせえへん方がええで」

「え？　そうなんか？　行ってみたくないんか？　イスタンブール」

ノグチにそう言われて、僕は言葉に窮した。

「あれ」についてよく知らないくせに、物騒なものと勝手に決めつけて、ノグチの話を偉そうに制するのは、子供心にも違うと感じた。というより何より、ノグチの露悪的なそそのかしに感化されて、その「イスタンブール」とやらへの興味が、ぐんぐん高まってきたのだ。

「ほんまに大丈夫なんかなぁ？　行っても」

「行ってみよや。自転車やったら、万が一、なんかあった場合も、全速力で漕いだら逃げて帰れるで、それに……」

「それに？」

「できるだけ、息を止めといたらええんや」

「なんで？」

「怪しいガスが流れてて身体に入ったら、死んでまうからな」

「そんなアホな！」

行くべきか、行かないべきか。ノグチの言葉に呆れた僕は、とりあえずその段階では、明言するのを避けておいた。

3

ノグチとの会話で僕が直感したのは、彼の言う「イスタンブール」とは、いわゆる「部落」とか「同和地区」などと言われているところではないかということだ。そんなことについて、少しでも聞きかじっている同級生などいないはずだ。

しかし僕の家は特別だった。なぜなら、母親だけでなく、父親も社会の教師だったからだ。母親は公立中学で、父親は奈良県にある高校の教師。そして、教師ながら、大学時代から続けている研究があって、そのテーマがどうやらそれに関することだったようなのだ。

「どうやら」「だったよう」というのは、研究についての話を父親から直接聞いたことなどなく、単に、父親の本棚に多く並んでいる「部落なんとか」という文字から、推測したに過ぎなかったからだ。

そういえば、たまに、父親が休日に僕と兄貴を連れて、関西のあちこちの田舎町に行くのだが、田舎町には、遊園地はもとより、レストランもゲームセンターもない、さらには交通も不便なところで、なんでこんなところに連れてきたのかと、僕らはぶいぶいと文句を言ったものだ。

しかし父親は、息子たちの相手をしながらも、その田舎町で、いろんな人にインタビューをしたり、メモをしたりと、いかにも研究っぽいことをしていた。あれも実は、そういう地域についてのフィールドワークの一環だったのだろうか。

田舎町の老人たちに対して、あるときは鋭く切り返し、あるときは一緒に笑い、ごくたまにだけれど、話を聞きながら涙ぐんでいるときもあった。そんな、ひたむきな姿勢は、家では見せない真の父親の真の姿を表しているのだろうと、子供心に思っていた。

とにかく、研究の件については、父親からも母親からも、詳しく教えてもらったことなどない。

そんな僕が、あろうことか、父親とではなく、友だちと、それもいちばんうさんくさいノグチと、その場所を訪ねるなんて。イスタンブールを訪ねるなんて。考えれば考えるほど、不安が高まった。

それでもさらに考えれば、何が起きるのだろうという冒険心も高まってくる。

不安とワクワク——ふたつの間で揺れるやじろべえの倒れ方を決したのは、ノグチのあの言葉だった。

「行ってみたくないんか？　イスタンブール」

夜の自宅、父親の本棚を見る。「部落なんとか」と書かれた本が並んでいる。これらの本を読み、実際に足を運んで話を聞いたりして、コツコツと研究を重ねてきたのだろう。そんなコツコツを乗り越えて、その本を一切開くことなく、僕は小6にして、いきなりイスタンブールに飛びこむ。

やじろべえが「ワクワク」の方向にバタンと倒れた。

次の月曜日の放課後、作戦は決行されることとなった。

4

学校が終わって、自転車に乗って近所の公園に集合した。ノグチがなぜか、おもちゃのサングラスをしていた。

「なんや、それ？」

「いや、万が一の場合、顔がバレへんようにするために変装してん」

よく分からないが、イスタンブールでは、顔がチェックされたり、怪しい空気が流れていたりと、そんなに「万が一」のことが起きるのか。

「行くで！　イスタンブール」

ちょっと芝居がかったノグチのかけ声で、僕らは出発した。大人びていて、露悪的で、それでいて新しいもの好きなノグチは、どこでどう仕入れたのか、『飛んでイスタンブール』の歌詞を、たった一晩で丸暗記していた。

「♪いつか忘れていった　こんなジタンの空箱――ジタンってなんや？」

「知らんなぁ」

「♪おいでイスタンブール　うらまないのがルール――このブールとルールの組み合わせ、おもろいなぁ」

「ぺちゃくちゃ喋らんと、静かに走れや」

どうでもいい会話をしながら進んでいくふたりは、傍から見れば、単なる小学生のサイクリングだ。でも、僕らの気持ちは大冒険——そう「イスタンプール大作戦」。

たとえ、大気汚染に包まれた東大阪でも、生駒山《いこまやま》から吹き下ろす春の夕方の風は爽やかだ。バス通りをぐんぐんと進んでいく僕らを、春風が包み込む。西日が僕らの背中を押しているようだ。いつもより自転車のスピードが出ている。

夕焼けから放たれる西日の熱が背中を焦がす。その熱が動力となって両脚が回転する。ぐるんぐるん、ぐんぐん、走る走る自転車。信号の色なんて知るもんか。ぐるんぐるん、ぐんぐん、走る走る自転車。

国道を超えて、ノグチのいうイスタンプールが、いよいよ近づいてきた。ぱっと見、僕らが住んでいるところの町並みと何も変わらない。それでもノグチが、視界に入るあれこれについて、いちいち指摘してくる。

「ほら、見てみぃ、あの団地。めっちゃ古ぼけてるやん。やっぱりイスタンプールやからやな！」

「ここは空き家になってるわな、怪しいな。さすがイスタンプールや！」

ノグチは必要以上に盛り上がっていた。その裏には、イスタンプールに入れば、とんでもないことが起きるのではないかと期待したものの、取り立てて特徴的な物が何もなくて、落胆した気分も働いていたはずだ。

「イスタンプールって言うたって、なんにもないやん！」

僕はノグチに、半笑いで言ってみた。

「いやいや、なんにもないことないやん。なんにもない普通のところやったら、うちのオカンとか、行くの止めへんで」

確かに、ノグチの言うことはごもっともだ。それに、「なんにもない普通のところ」だったら、父親の研究はなんだったのか。何を研究していたというのか。

しかし、父親が週末に通った田舎町と、このイスタンブールの町は、雰囲気が違いすぎる。もしかしたら、僕の思い過ごしだったのかもしれない。僕がイスタンブールと、父親の研究を勝手に結びつけて、勝手にそういう地域だと早合点したのかもしれない。テンションは、緩やかに落ちていきつつあった。

「ほなな、ちょっと路地入ってみよか」

ノグチが言った。バス通りから路地に向かって、僕らはハンドルを切った。

5

僕らは、川べりの細い道に入った。それでもスピードは落とさない。「自転車を速く走れる奴は根性がある」という暗黙の了解が、僕らにはあるからだ。「お前は、細い道に入ったらスピード落とすやろ。だからお前は根性なしや」と何度となく言われたことがある僕は、いきおいペダルを強く踏み込んだ。

そのとき、奇妙な臭いが流れてきた。何かが焦げたような臭いが、僕らの鼻の先をツーンと突いた。

「来た！　怪しいニオイ、怪しい空気！　毒ガス！」

無理やりに盛り上げようとしているノグチが不憫になって、僕も乗ってやることにした。

「来たー！　毒ガスやー！」

「よっしゃ、息止めよ！」

ノグチの命令に従って僕は片手で口を押さえて、片手運転で、自転車のスピードを上げた。息を止める。スピードを上げる。鼓動が高まる。そして、川べりの細い道は少し上り坂になっている。僕は、クラッとした。貧血のようにクラッとした。貧血だと直感したのは、例えば、長い朝礼のときなど、時折、症状の出る経験者だったからだ。その瞬間、オバチャンが乗った自転車が、突然、脇道から目の前に現れた。

事故に遭うときは時間軸が歪む。オバチャンは買い物帰りだろうか、前のかごに野菜を積んだ自転車、それを運転する小太りのオバチャンがゆっくりゆっくり近づいてくる。

オバチャン……オバチャン……オバチャン…ドーン！　ぶつかった！

ハンドルを取られて、僕の自転車は、川べりの柵に激突。その拍子で、柵の隙間に前輪がはさまり、いわゆるテコの原理で、前輪を支点として、自転車がぐるっと回転、僕の左半身が、肩からタックルするようなかたちで、電柱に激突した。

そしてしばらくの間、記憶がなくなった。

6

気が付いたら、僕は知らない家にいた。見渡せば、狭いキッチンと六畳間という、お世辞にも決して裕福ではない部屋だった。それでもオバチャンが優しく声をかけてくれる。

「あんた怪我、大丈夫か？　もう突然出てくるから、ビックリしたわぁ」

僕はオバチャンとぶつかって、貧血と、電柱と激突した衝撃が合わさって意識を失い、オバチャンの家にかつぎこまれたのだ。

ノグチが横に座っている。オバチャンとノグチがふたりで僕をここまで運んでくれたようだ。

なんだかかっこ悪かった。趣味の悪いノグチのことだ。これは多分、明日学校で言いふらされて、笑いものになるのだろう。そのことを考えると絶望的な気分になった。

しかし、ノグチの様子がどうもおかしい。心なしかガチガチと身体が震えているようだ。

よく考えたら、それもそのはずだ。ノグチは、あんなに怖れていたイスタンブールの住民、つまり「イスタンブール人」の家に上がり込むことになったのだ。だから、何か、危険なことが起きるかもと、ガチガチ震えているのではないか。でも僕は、それどころではない。左肩から左腕にかけて、怪我をしたようだ。皮膚を広く擦りむいていて腫れている。

「とりあえず赤チン塗っといたからな。後で病院行かなあかんで」

「すんません……」

「ええねんええねん、こっちも急いてたからな、悪かったわ」

しばらくそのまま寝かせてもらうことにした。オバチャンは、台所の方で片づけものをしている。部屋の感じからすると、どうも一人暮らしのようだ。

「オバチャンの家な、貧乏でテレビあらへんねん。ラジオつけよか」

と言ってオバチャンは、台所の方にあったトランジスタ・ラジオのスイッチをつけた。不意に流れてきたのはあの曲だった。


――♪おいでイスタンブール　うらまないのがルール

驚いた。僕らは今、イスタンブールでイスタンブールの歌を聴いている。

「ブールとルール……ええなぁ」

ノグチが、小声でつぶやいた。震えていてもノグチはノグチだった。僕はおかしくなって、少し笑った。小一時間くらいいただろうか。痛みも腫れも少し引いたので、オバチャンの家を後にすることにした。

「ほんまに、後で、ちゃんと病院行かなあかんで」

とオバチャンは念を押した。実は、一緒に病院行こうかと誘われたのだが、なんとなく申し訳ないのと、あと、「イスタンブール人」の家ですら怖いのに、「イスタンブール人」が集まっているイスタンブールの病院に行くことなど想像もできないので、断ったのだ。

部屋を出た。オバチャンの部屋は団地だった。さっき野口が「めっちゃ古ぼけてる」と罵った、あの団地だった。

『飛んでイスタンブール』に乗って、僕はイスタンブールの川べりで、本当に飛んだ。飛んで、ぶつかって、怪我をしたんだ。

7

結局、イスタンブールに、驚くべきことなど何もなかった。それどころか、イスタンブール人のオバチャンも、とても優しい人だった。さすがのノグチも、帰り道はテンションが下がっていた。何があったのかと言えば、僕が空を飛ぶ、奇妙な出来事だけだったのだから。

「♪おいでイスタンブール、ちゅう感じで、家の中まで上がり込んだなぁ」

それでも、一応の達成感はあるようだ。

「♪うらまないのがルール、やから、俺もオバチャンのこと、恨まんとくわ」

と僕は返した。

78年春、夏に向かって、少しずつ日が長くなっていく。遠く西の空に夕焼けが見える――。

帰り道、川べりの細い道。またあの奇妙な臭いが漂ってきた。しかし今度は、息を止めず、ゆっくりと嗅いでみた。

「あ、これ、俺らの小学校の前にある鉄工所から臭ってくる、オイルの焦げたニオイと同じやで」

僕は言った。ノグチがこっくりとうなずいた。

鼻の穴と口を大きく開いて、僕らはその臭いを吸い込んだ。

僕らの町に、ゆっくりと日が落ちていく。僕らの世界が、ゆっくりと広がっていく。

8

翌火曜日の夕方、僕と母親は、イスタンブールへと自転車で向かっていた。

昨晩あのあと、僕が大怪我をしたと祖母が母親の勤め先の中学校に電話をし、母親は血相変えて帰ってきた。しかし病院に行かずとも大丈夫そうな僕を見て安心し、こう言ったのだ。

「そのイスタンブールとやらのオバチャンにお礼言わなあかんわ。電話番号とか、住所とか聞いたんかいな?」

「あー聞くのん、忘れたあ」

「アホか、お世話になったら、連絡先聞くのん、社会人の常識やで」

「イスタンブール人」の次は「シャカイ人」か。「人人」とやかましいことだ。

「ほな明日、お母さんが仕事終わったら、お礼に挨拶しに行こ、場所分かるやろ? ええな?」

僕と母親は、今、イスタンブールのオバチャンの家に向かっているのだ。自転車の前かごには、母親が仕事帰りに、近鉄中河内駅前で買ってきた和菓子の詰め合わせが入っている。

僕は、気持ちの中で、母親がイスタンブールのあたりに入った瞬間、どんな反応をするか、興味津々だった。ノグチのお母さんが「あんまり行かん方がええ」と言っていたエリア。母親もなんらかの反応をするのではないかと期待したのだ。しかし母親は、このあたりからイスタンブールかもというエリアに入っても、無表情でずんずん進んでいく。オバチャンの団地に着いた。階段を駆け上がり、オバチャンの部屋の重いドアの横にあるボタンを押す。

♪チャラン・チョローン

78年っぽい、とぼけた電子音が鳴る。オバチャンは出てこない。

とぼけた電子音を何度か鳴らしたが、それでもオバチャンは出てこない。

「おらんな」

母親はそう言いながら、和菓子が入った袋に、封筒をそっと差し込んで、重そうなドアの取っ手に引っかけた。

「その封筒、なんなん？」

「こんなこともあろうかと、お礼の手紙書いといてん」

さすが「シャカイ人」だ。「ジョーシキ」とやらに長けている。

帰り道、辺りはすでに暗くなっていた。母親とふたり、自転車を押しながら、国道を越えて、ゆっくりと歩いて帰る。

「まぁ、大怪我にならんでよかったわ」

という母親に、僕は聞いてみる。

「お母さん、部落なんとかって、何？　どういう場所？　イスタンブールのあたりはそうなん？」

「知らんなぁ」

暖簾に腕押しな母親に、矢継ぎ早に問いただす。

「ほな、お母さん、なんでそういう問題が、今まで続いてるん？」

「うーん、よう分からん。お父さんに聞いてみて」

母親に聞いたら何かが分かると思ったものの、結局分からずじまいになりそうだ。

「あんたな、これから中学、高校と勉強していくやん？　勉強したらな、どんどんいろんなことが分かるんや。分かった気になるんや」

母親は、突然妙なことを言い出した。話は続く。

「けどな、世の中なんて、分かれへんことばっかりやねんで。勉強すればするほど、年取れば取るほど、世の中が分かれへんことばーっかりなことに気づくで」

「ほな、人は……お父さんは、年も取ったのに、なんで今でも、あんなにいろいろ本読んだり、調べたりして、勉強してるん？」

「それは、おもろいからに決まってるやん」

そんなのが面白いのか？ 母親は続ける。

「分かれへんことと分かれへんことをつなぎ合わせて、ちょっとだけ何かが分かってくる。ほんのちょっとだけ。でも、そんなんがめっちゃおもろいって、お父さん言うてたで。お母さんには、よう分からん神経やけどな」

はぐらかされているような気がしてきた。しかし母親は、本当のことを話している気もする。「分かれへんことと分かれへんことをつなぎ合わせて、ちょっとだけ何かが分かってくる」……このあたりのややこしそうな感覚が、僕にもいつか分かる日は来るのだろうか。

「でもな、お母さんにも、分かってることがあるねん。それはな……」

僕は期待した。しかし母親の答えは、意外なものだった。

「分からんことは、はっきりと分からんと言う。知ったかぶりはしない。それが社会人なんや。社会人の常識なんや」

「なるほど、それやったら俺にも出来そうやわ」

「あんたな、そもそもイスタンブールがどうしたこうしたとか、昨日から聞いてくるけど、そもそも本物《ほんもん》のイスタンブールって、どの国にあるか知ってるんか？」

「知らんわ。と、分からんことは、はっきりと分からんと言う。これがシャカイ人のジョーシキ！」

「アホ、それは知っとくのが常識や！」

そんなやり取りをしている間に、僕らは家に着いた。

9

事件の後も、学校の日々は何も変わることはなかった。心配していたノグチの言いふらしもなく、あの事件のことは、闇に葬られたようだ。

授業と授業の間の休憩時間。騒がしい教室の中を見渡して、僕は考える。

「ノグチは、なんで、あんなにスケベでゲスなんだろう?」

「スケベ」と言えば、と、僕は右後ろに座っているカワダの方を見る。カワダの胸のあたりを見て、こう思う。

「カワダの胸を見たら、なんで、こんなに妙な気持ちになるんだろう?」

そして、昨日とおとといのことを思い出す。

「オバチャンは、どんな生い立ちで、どんな生活をしているのだろう?」

「そもそも、イスタンブールって……」

などと考えていると、「世の中なんて、分かれへんことばっかりや」という母親の言葉が、ゆっくりゆっくりと染みてくる。そんなことをぼーっと思っているうちに、休憩時間が終わる。次は社会科の授業だ。先生が言う。

「今日の授業は、世界の国旗を見ていきます。地図帳の国旗のページを開けなさい。はい、君らの好きな国旗はどれですか？　手を上げて！」

「はい！」

カワダがさっそく手を挙げる。彼女は実は優等生で、そういうあたりも僕の好みだ。

「私は、トルコの国旗がかっこよくて好きです」

すかさずノグチがすっとんきょうな声を上げる。

「わははは、トルコやてー！　やらしー！」

「アホ！　ノグチ、後ろで立っとけ！」

担任に怒られたノグチに、カワダが言う。

「ほんま、ノグチくん、スケベで嫌やわぁ」

クラス全員大爆笑だ。僕もみんなに合わせて爆笑しながら、心の中でこう思った。

「みんな何笑ってるんやろ、なんでトルコがスケベなんやろ……世の中なんて、分かれへんことばっかりや。あっ、イスタンブールはトルコか！」


78年、小学生最後の年は、ゆっくりと春から夏に向かっていく。

第四章

原田真二
『タイム・トラベル』

作詞／松本隆　作曲・編曲／原田真二

1978年4月10日発売

1

1977年、東大阪の小学5年生だった僕は、当然のように阪神ファンだった。

いや、「当然のように」は語弊がある。というのは、当時の大阪は、今のように阪神ファンだらけではなかった。近鉄ファン、阪急ファン、南海ファン、そして巨人ファンも、実はそれなりにいたのだ。

言い換えれば「阪神ファンにあらずんば、大阪人にあらず」のような窮屈な雰囲気になったのは、それほど昔のことではないのである。それでも僕は、阪神ファンだった。

・75年：3位
・76年：2位
・77年：4位
・78年：6位
・79年：4位

僕が人生の中で唯一、阪神を熱心に追っていた時期の順位を並べてみた。一見、単なるデジタルな数字の羅列だが、その奥を掘り出してみれば、デジタルの向こう側に、たくさんの人間ドラマが詰まっている。

この5年間は、やや大げさに言えば、巨人と並ぶセ・リーグの名門強豪球団だった阪神が、平凡な一球団に成り下がった時期と言えよう。それを象徴するのが78年、創設以来の最下位に落ち込んだことだという事実（ちなみに巨人も、75年に初の最下位に沈んでいた）。

続く翌79年は、いわゆる「江川問題」のあおりで、巨人からはじき出された小林繁《こばやししげる》が、阪神にやってきて大活躍するというドラマティックなシーズンだった。それでも順位はBクラスにとどまったのだが。

しかし暗い話ばかりではない。掛布雅之《かけふまさゆき》という内野手のニュースターが一気に台頭してきた5年間でもあったのだ。

・75年‥11本
・76年‥27本
・77年‥23本
・78年‥32本
・79年‥48本

掛布雅之のホームラン数の推移。「上り調子」とはこのことをいう。貫禄を蓄え始めた田淵幸一《たぶちこういち》という右投右打のオールドスターを差し置いて、掛布という、少々変わった名字を名乗る右投左打の若者が、来たる80年代をぐっと引き寄せる。

しかし彼が引き寄せた80年代は、僕にとっては、テクノポップとロックンロールの時代で、それら新しい音楽に強く感化された僕は、黒に黄色いつば、HとTを組み合わせたマークの付いた帽子を脱ぎ捨てることになるのだけれど。

そんな僕が人生の中で、阪神というチームに思い入れたほんの短い時期における、僕と、掛布雅之という変わった名字の若者と、そして「梅のオッサン」という変わったあだ名の老人が編み出す物語――。

2

77年、僕が小5だったシーズンの阪神は、強くも弱くもなかった。勝ったり負けたりが続き、結局4位にとどまる。ただ、まだ「名門強豪球団」としてのプライドもあったのだろうか、Bクラスに沈んだ責任を取って、吉田義男《よしだよしお》監督は辞任する。

ご飯を食べ終わって、夜、僕と兄貴は神戸サンテレビで放送されている阪神戦の中継を見る。神戸サンテレビは、普通のVHFではなく、UHFの放送局で、そのためザラザラした画質ではあったものの、大阪でも見ることができた。

甲子園でのホームゲームの多くは、そのサンテレビで見ることができたのだが、後楽園や神宮など、ビジター試合の中継はなかったので、ＡＭラジオを聞くことになる。

兄貴が持っている、黒いカバーの被せられた横長のトランジスタ・ラジオを引っ張り出し、阪神戦を熱心に放送していたＡＢＣラジオの周波数、１０１０ｋｈｚに合わせる。ＡＭにもかかわらず、ちょっといい音になるような気がして、金属製のＦＭアンテナを伸ばして聞くのが習慣だった。

実況は、個性的な声と口調が印象的な植草貞夫《うえくささだお》、解説は皆川睦雄《みながわむつお》か根本陸夫《ねもとりくお》の場合が多かった。最終的には4位なのだから、阪神にとっては、勝ったり負けたりのシーズンだった。しかし、というか、だからこそ、勝った日の喜びは半端ではない。

サンテレビ、もしくはＡＢＣラジオの前で、兄弟は大騒ぎでハイタッチをする。

「やっぱりカケフやなぁ。よう打つわ」

「ピッチャーのエモトもよう頑張りよる。もうエナツ以上やな」

勝利の喜びを分かち合う。

「あんたら、うるさいで！」

下の階から母親が怒る声が聞こえる。これが77年の夏の我が家でよくある光景。

その光景の登場人物に、裏の古ぼけた木造アパートから、もう一枚のカードが加わる。模様も見えにくくなるほど古ぼけた、とても変わったデザインのカードが。叫び声とともに——。

「おーい、阪神、また勝ったなぁ！」

3

その声を聞いて、僕ら兄弟は、ニコニコしながら、裏のアパートの2階に面した窓を開ける。

「勝った勝った！」

アパートの窓から、声の主である老人、通称「梅のオッサン」が顔を出す。

「やっぱり頼りになるのはカケフやな！　デブになったタブチは、もうアカンで！」

兄貴が言うと、梅のオッサンは即座に返す。

「あかんあかん。カケフやでこれからは。なんちゅうても、流し打ちできるんがええわ」

梅のオッサンは野球に詳しい。甲子園には「浜風」と言われる風が始終吹いていて、左打者が長打を打つには、流し打たなければならないことを承知していた。

詳しいのだが、それでも、こんなデタラメを言ったりする。

「カケフはやっぱり顔がええで。あれは絶対、大阪人の顔や」

このあたりは、選手名鑑を熟読していた僕が返す。

「ちゃうちゃう、千葉や千葉。習志野高校出身やで」

「え？　あの、2年前に甲子園で優勝した習志野かいな？」

「いや、その前に卒業してたんや。でもドラフト6位で、これだけ活躍してるから、大したもんやな」

我が家の2階と裏のアパートの2階、路地越しに大声で交わしていると、アパートの1階に住んでいる長髪の大学生も絡んでくる。

「オッサン、坊主、勝ってよかったなぁ。今日はブリーデンがよう打ったで」

ブリーデンとは、その年に阪神に在籍した助っ人外人の名前。

「よかった！　よかった！」

兄貴が大声で叫んだところに、見計らっていたようなタイミングで、母親が下から2階への階段をドスドスとのぼってきて、僕ら兄弟の肩を押さえアパートの方に声をかける。

「阪神、勝ったようでよかったですなぁ。ほな、遅いんで今日はもうこの辺で」

延々と続く、阪神ファンの御前会議を、無理やり終わらせにかかるのだ。

「ほな！」

「さいなら！」

母親の声を聞いた瞬間、梅のオッサンと長髪大学生は、いつもそう言いながら、我に返ってアパートの窓を閉める。しかしさすがは中学教師の母親、大学生に向けては、いつも一言だけ継ぎ足す。

「大学生、ちゃんと学問にはげみやぁ！」

しかし、長髪は窓を閉めたままで返答はない。母親の言い方にちょっとムカッときていたのかもしれない。こんなやり取りが77年シーズン、阪神が勝った日における、裏の路地をはさんだ、僕たち4人のルーティンだった。

4

なぜ、梅のオッサンと名づけられたのか。

実は、そのオッサンは元々、僕の周囲ではなかなかの有名人だった。僕の周囲とはすなわち僕が小5の頃、一緒に銭湯に行っていたメンバーである。急造プロレスラー「タドコロイヤー」のタドコロに加えて、フジキやムラモトらとの仲良しグループ。

僕、タドコロ、ムラモトのメンバーの家には、自宅風呂があったのだが（フジキの家にはなかった）、それでもみんなで誘い合わせて、僕の自宅と近鉄中河内駅の中間あたりにある近所の銭湯「黄金《こがね》湯《ゆ》」に行く。

銭湯ツアーは、特に夏場に開催されることが多かった。日が長く、まだしっかりと暮れきらない空の下、グループ全員で、自転車に乗って銭湯に繰り出す楽しさ。親の目の届かないところで自由に振る舞う喜び。

黄金湯は小さな銭湯だったが、近所に住む老人の客でけっこう賑わっていた。時折、ど派手な入れ墨のオッサンも現れるのだが、僕らは適切な距離を取る。壁には成人映画のポスターが貼られていて、僕らは緊張しながらそれをチラッチラッと眺める。

水風呂に電気風呂、やたらと熱い風呂と、バリエーションが充実していた。全員でそれらを満喫した後、脱衣場でコーヒー牛乳を飲みながら、男湯と女湯の間の壁の上に、神棚のように設置されたテレビで野球中継を眺めるのが、僕らのルーティン。

梅のオッサンも、黄金湯の常連だった。

裏のアパートに住んでる阪神ファンのオッサンとして、かなり前から僕は知っていたのだが、タドコロやフジキ、ムラモトは、黄金湯でオッサンと知り合うこととなった。

いつも機嫌のいいオッサンだった。お世辞にも裕福とは見えない面構えに、見るからに貧相な体つき、身長も150センチくらいだったろう。それでも、いつもニコニコとしていて、たまには僕ら全員にコーヒー牛乳を振る舞ってくれたりした。

また、湯上がりの火照った身体で、阪神に関するクイズを出してくれることで、僕らとの関係がより親密になった。

「ほなクイズな。江夏と一緒に南海にトレードされた阪神の選手は誰？」

僕らの中では、もっとも野球に詳しいムラモトが答える。

「そんなん簡単や。望月やろ！」

「で、す、が……」

この「で、す、が……」（「で」にアクセントを置く）が、梅のオッサンの定番で、聞いた僕らは必ずケラケラと笑う。

「では、そのときのトレードで南海から来た選手を、全員挙げなさい」

「えーっと、江本と島野と……」

「あと2人おるでぇ」

「オッチャン、それ難しいわぁ」

そんな感じでワチャワチャしていると、気が付いたら黄金湯に1時間ほどいることも多かった。


ある夏の日の黄金湯。フジキが僕を呼び寄せた。

「あの、オッチャンのお尻にはさまってるん、あれ、なんや?」

よく見るとお尻のあたりに、まるで梅干しのような色と形の腫瘍のようなものがくっついているのだ。後から考えてみると、おそらく痔の一種だったように思うのだが。

「梅干しのオッチャン……」

フジキが漏らした。僕は、そのフレーズに爆笑した。


そしていつのまにか、「梅干しのオッチャン」→「梅のオッチャン」→「梅のオッサン」という三段活用を経て、僕らは内々に梅のオッサンと呼び始めたのだ。

それでも本人に対しては「オッチャン」で通す。通しながら、「阪神クイズ」を出してもらう。出してもらってワチャワチャワチャする。

しかし一旦、黄金湯から出たら、

「今日の梅のオッサンの梅、いつもより大きなかったか?」

などの下らない話をして、みんなで大笑いをする――。梅のオッサンと僕らが一緒に過ごした77

年、小5の夏。阪神は故障者が続出して、3位、そして4位へとジリジリと下がっていった。

5

思春期というものがあるとするなら、僕の場合、それは翌78年、小6になったあたりから始まったのだと思う。

小6になってすぐの春、原田真二『タイム・トラベル』のシングル盤を買ったことが、思春期へのドアを開いたような気がする。

原田真二とは、前年77年の秋、『てぃーんずぶるーす』『キャンディ』『シャドー・ボクサー』と立て続けに3枚のシングルをリリースして、たちまち大人気となったシンガーソングライターだった。しかし、特徴的な点が2点あった。ひとつは、顔立ちが異常にキュートだったことだ。その結果、本格的なシンガーソングライターというよりも、アイドルとして取り扱われることが多くなった。当時まだ、音楽についてほとんど詳しくなかったけれど、原田真二がアイドルとして位置づけられることに、僕は強い違和感を抱いた。彼が作るメロディは、他の歌謡曲やニューミュージックと言われた音楽家にはない、品のようなものがあったからだ。

特に77年の12月に出た『シャドー・ボクサー』は、僕の心を強く惹きつけた。曲の後半「♪もう逢えないよ」のところの、メロディと歌詞の組み合わせによって、僕はセンチメンタリズムというものを学んだ気がする。

特徴的な点の2点目は、松本隆という人の書く歌詞だ。『てぃーんずぶるーす』『キャンディ』『シャドー・ボクサー』、そして『タイム・トラベル』では、松本隆という、歌番組のクレジットでも、まだ見慣れていない作詞家による言葉の世界がふるっていた。

後から知ったことだが、元はっぴいえんどのドラマーで、太田裕美『木綿のハンカチーフ』を契機に、阿久悠の独壇場に対して、ずんずんと切り込み始めた気鋭の作詞家。実に文学的で、詩的で、まるで東京にしか棲息していない、ヒョロっとしたうらなりの文学青年が書いている感じがした。

決定的だったのは歌い出しすぐの「♪蕃紅花《サフラン》色のドアを開けたよ」というフレーズ。「サフラン色」が分からない。それ以前に「サフラン」が分からない。それを「蕃紅花」という小難しい漢字で書かれた日には……。

しかし「蕃紅花色のドア」という込み入った言葉と表記を知ることで、僕の思春期へのドアが開いたことだけは確かだった。

いつか「蕃紅花色のドア」を開けて、新しい世界に行くんだ。文学的で、詩的で、キュートな原田真二や、ヒョロっとした松本隆という男が、摩天楼の陰でツンと澄ましている東京に。

そんな東京世界の対極は、梅のオッサンと一緒に阪神に拍手するような、文学や詩のかけらすら何処にもない目の前の日常、僕の家とアパートをはさんでいる裏の路地の日常だ。

よくしたもので、78年の阪神は、劇的に弱かった。前年、Bクラスにとどまった責任を取って、吉田義男監督が辞任した後、「クマさん」と言われた後藤次男《ごとうつぐお》が引き継いだのだが、投手陣、打撃陣共に見事に精彩を欠き、球団創立以来の最下位に落ち込む。

だからか、後になって思い出そうとしても、僕には、このシーズンの記憶がほとんどなかった。記憶に残っているのは唯一、7月のオールスターゲームで掛布が3打席連続のホームランを打ったことくらい。

阪神が弱くなっていたのと同時に、僕自身も思春期を迎え、原田真二や松本隆に促されて、このくたびれた東大阪の町外れではない、もっと別の世界に惹かれ始めたということなのだろう。裏のアパートから、梅のオッサンの拍手が聞こえてくることも、めっきりと少なくなった。そして僕は、原田真二や、その他のニューミュージックに手を伸ばし始め、深夜ラジオを聞くようになり、ついに、サザンオールスターズ『勝手にシンドバッド』にも触れてしまった。

阪神や梅のオッサンから、いよいよ遠ざかり始めた。

思春期への、大人への、そして東京的な何かへの、ドアが開け放たれた。そのドアの色はもちろん、まだ見たことのない「蕃紅花色」だ。

6

梅のオッサンのことを完全に忘れてしまって、いつの間にか時は流れた。僕が思春期のドアを開き、阪神が最下位に落ち込んだ78年から7年もの日々が過ぎ去り、思春期をまるごと飲み込んだ後の85年、僕は浪人生となっていた。

中1のときにYMO（イエロー・マジック・オーケストラ）に出会ってから、プロ野球やプロレスから完全に遠ざかり、音楽一辺倒の高校時代を駆け抜けた浪人生の耳に、久しぶりに阪神が好調だということが聞こえてきた。

相前後して、裏のアパートが取り壊されることが決まったらしい。貧相なアパートを一気につぶして、建売住宅が並ぶのだという。


阪神と裏のアパート——そして僕は思い出した。久々に思い出したのだ。梅のオッサンのことを。それとなく兄貴に聞いてみた。

「そういえば、梅のオッサン、どうしたんやろ?」

「あー、梅のオッサンおったなぁ！　死によったんちゃうかぁ?」

兄貴は半笑いで、そう言った。死を語るときに半笑いはないだろうと思ったけれど、それでも、兄貴に詰め寄ることなどできなかった。僕の方も数年間、梅のオッサンのことをすっかり忘れていたのだから。

「あんたらが梅のなんとかとか言うてたんて、ヒデオさんのことやろ?」

僕と兄貴が話していた食卓から、襖を隔てた部屋にいた祖母が、話しかけてきた。

祖母は大正2年生まれだから、その頃72歳。祖母といっても母方の祖母、母親の母親。糖尿病で具合を悪くしているけれど、仕事に出払う両親を支えている。ただ、やはりバタバタとするのが身体にこたえるのだろう、食卓の横の部屋に布団を敷きっぱなしにして、時間があれば日がな横になっている。横になって、テレビを見ながらブツブツ言っている。これが僕の祖母、おばあちゃんだ。

「え？　梅のオッサンって、ヒデオちゅうたんや！」

僕は驚いた。ヒデオという名前だったのか、というか、そんなに普通の、シャキッとした名前だったのか。

「アホなこと言いないな。ヒデオさんは、昔っからこの辺に住んでて、立派な人やったんや」

「立派って、梅のオッサンが？」

兄貴は半笑いではなく、本気で大笑いしながら返した。

「そやで、マジメで通ってたんや。戦争に行くまでは」

梅のオッサンとヒデオとマジメと戦争、にわかには結びつかない。祖母は続ける。

「でもな、戦争で、こうなってしもたんや」

と言って祖母は、決して簡単には忘れることのできない仕草をした。

右手の人差し指で自分の頭を指して、両目を閉じて、口をゆっくりゆっくり大きく開く。そしてそのまま数秒、動きを止める――。

そのさまは、なんというか、関根勤がジャイアント馬場の物まねをするときの顔に似ていた。しかし関根勤よりも、訳の分からない不気味さの方が上回った。

「なんなん、それ?」

「戦争から帰ってきたら、ずっとこんな顔して、会話もできへんようになったんや。それでずーっとボーッとするようになって、離婚して、家族と別れて、それで裏のアパートに引っ越してきたんや」

「どういうことなん?」

兄貴の質問に、祖母は具体的に答えなかった。ただ、こう補足した。

「戦後すぐは、この辺にも、身ぃも心も頭もやられてしもたような人、多かったで。特に大陸から帰ってきた人はな。でもあの人が偉かったんは、どうやったんかはしらんけど、頑張ったんやろな。いろいろと克服して、あんたらが知っているヒデオさんは、めっちゃ明るかったやろ?」

確かに明るかった。ただ、もしかしたら、だけれど、あれほど阪神に詳しかったにもかかわらず、掛布雅之を大阪人だと、間違って思い込んでいたあたりは、もしかしたら戦争の後遺症も関係していたのかも。

「ヒデオさんは、とっくに死んだで」

僕に対して祖母は、意を決したようにして、具体的に説明し始めた。

「死んだ。3年くらい前かな? 裏のアパートに住んでる人が、えらい異臭が漂う言うて、ヒデオさんの部屋を開けたら……もう大変なことになってたっていうで」

僕は、耳をふさいだ。兄貴も耐えられなくなったのか、黙って2階に移動した。

会話はこれだけだった。これだけだったのだが、そのとき心の中で、思春期へのドアを開いた、そのもう少し奥の方にある、「大人へのドア」が開いたのを感じたのだ。

僕らの周りの大人は、みんな先に死んでいく。どんどん死んでいく。それを淡々と受け入れていくことが、大人になるということなんだ。


梅のオッサン――その存在をこの数年間、僕は忘れていた。

死んだかどうかも分からなかったオッサンのことを、今さらに深刻ぶるのは嘘っぱちだし、偽善だろう。兄貴も、心の中で、そう思っていたのではないか。だから、中途半端に祖母と話を続けるのではなく、途中で切ってしまった。

それでも僕は、梅のオッサンがとっくの昔に死んでいて、さらに梅のオッサンには、強烈な戦争体験があったらしいということを聞いて、心が震えた。

そのとき思い出したのは、『タイム・トラベル』の歌詞だ。


――♪時間旅行のツアーはいかが？


そのときそのときの死をやり過ごす代わりに、死んだ人のことを思い出す時間旅行を繰り返す。それが大人になるということなのだろうか。年を取るということなのだろうか。

僕も2階に上がって、解体中のアパートが見える窓を開けて、77年、小5の頃への時間旅行に出発した。

阪神・掛布雅之・銭湯・梅のオッサン・貧相な木造アパート・町外れの夜に響き渡る拍手の音――。

「やっぱり頼りになるのはカケフやな！　カケフが活躍して、阪神、優勝しそうやで！　嘘みたいやろー！」

心の中で言ってみた。もちろん、なんの返事も聞こえてこなかった。それでも僕は、大人へのドアを開け始めたようだ。そのドアも「蕃紅花色」だ、もちろん。

7

1985年10月16日水曜日、阪神がリーグ優勝を決めた。64年以来、21年ぶりの優勝だ。21年前の優勝、その前の優勝も、梅のオッサンは見てきたことだろう。しかし、今夜の優勝は見ることができなかった。数年前に旅立ってしまったのだから。

裏のアパートは、もうきれいさっぱり無くなっていた。あれほど年季の入った木造建築も、無くなるときはあっという間。梅のオッサンや、母親が疎んじていた謎の大学生の名残りも、きれいさっぱり消え失せていた。

2階の窓を開ける。アパートが無くなったせいか、秋の風がすーっと入ってくる。整地された何もない空間を見つめていると、秋の夜の暗がりの中では遠近感がつかめない。

それでもじっと見つめていると、なんと、昔のアパートの残像がジワジワとよみがえってくるではないか。

――♪街の外れの古い館が君の家

さらにじっくりと見つめていると、21年ぶりの優勝という特別な夜だからだろう、時間旅行がいよいよ突然に、始まってしまったのだ。

「阪神優勝や！　ばんざーい！」

梅のオッサンが帰ってきた！

「おー！　元気やったんか！?」

「元気もなんも、とっくの昔に死んでもうたわ！　挨拶もせんとすまんかったなぁ」

いやいや、謝るのは僕の方だ。でも梅のオッサンは、自分の死も何もなかったかのように、あの頃の感じで会話を続ける。

「ほなクイズです。今夜阪神は優勝しましたが、今夜の勝利投手は誰でしょう?」

いやいや、何を言っているのか。今夜、優勝は決めたものの、試合自体は引き分けだったのだから、勝利投手などいるはずがない。

「勝利投手なんかおらんやろ！　引き分けやねんから」

「で、す、が……」

梅のオッサンが言いかけた途端、突然、ぷつんと時間旅行は終わってしまった。あまりにもあっけなく終わってしまった。

「『で、す、が……』ってなんやねん？　続きは？　続きは？」

これが僕の人生の中で、梅のオッサンと出会えた、最初で最後の時間旅行だった。はずだった。

8

そして今。50代になった僕は、旅立っていった人の思い出をたどる時間旅行のチケットを、両手から溢れるほどに抱えながら、毎日を生きている。表情を変えずに淡々と生きている。

そういえば、ついこの前、思い立って、「蕃紅花色」を検索してみた。英語ではサフランイエローというらしい黄色系の色だ。

阪神のあの黄色とよく似た色合いだった。

第五章

堀内孝雄

『君のひとみは10000ボルト』

作詞／谷村新司　作曲／堀内孝雄　編曲／石川鷹彦

1978年8月5日

1

1978年、小6の夏休みは、地元の子供会が運営するソフトボール・チームのメンバーとしての最後の夏だった。夏休みが終わると、小6のメンバーはチームを退団する。

僕は、やせっぽちな体格でパワーがなく、またスタミナにも乏しかったので、決して優秀なメンバーではなかったが、左利きで、ちょっとだけ守備が上手かったりもしたので、ファーストのレギュラーを張っていた。スポーツというもの、レギュラーになったなら、楽しく誇らしいものだ。だから、週末の練習には必ず参加した。

このチーム、結成から3年ほど経っているのだが、2年目あたりから、3人組の妙な男たちが、練習の手伝いで参加していた。名前が分からないので僕たちは、再放送していたアニメ『魔法使いサリー』に出てきた三つ子の名前を借りて「トン吉・チン平・カン太」と呼んでいた。

「妙な」と表現したのは、まず氏素性《うじすじょう》が分からないのだ。年の頃は多分20代後半から30代前半くらいなのに、定職に就いている感じはまるでない。平日の昼間っから、3人揃って、近鉄中河内駅前の喫茶店に入り浸っている。また見てくれがなんとも印象的なのだ。揃って長髪で、太い黒ぶちメガネ。謎な柄のTシャツやアロハシャツ、そして裾が派手に広がった、「ラッパズボン」と呼ばれたジーパン。

要するに、典型的な78年の若者の見てくれなのだが、この大阪の町外れには、あまり似つかわしいものではなく、周囲のエプロン姿の主婦からは、怪訝な面持ちで見つめられていた。背の高い方から順番にトン吉・チン平・カン太。性格的にしっかりしてる順でもトン吉・チン平・カン太。見た目にも中身的にも頼りがいのありそうなトン吉と、ヘタレ（大阪弁でいう、情けない・頼りない奴の意）な感じのカン太。その中間でいちばん目立たなくて、何を考えているのか、よく分からないチン平。

一説には、全員、大阪市立大学という、頭のいいらしい大学を学費未払いで除籍になったという。また一説には「勉強学校」（学習塾）で教えるなど、いろんなバイトをして食いつないでいるという。しかし、根本的なところはさっぱり分からない。

「いっつも楽しそうに練習に参加してるけど、トン吉・チン平・カン太、あいつら何者《なにもん》やねん？」

僕たちは、3人がいない早朝の練習のときに、そう話し合った。トン吉・チン平・カン太と一緒に僕は、小学生、そしてソフトボールの選手として最後の夏に向かっていく。

2

ある日の練習の休憩時間、チームの主砲、4番バッターでキャプテンのキモトが、トン吉・チン平・カン太を遠目に見ながら、僕に囁いた。

「うちのオカンが言うてたで。あいつらセキグンハとちゃうか？　って」

「セキグンハ？」

キモトも僕も「赤軍派」という言葉の意味を知らなかった。おそらくキモトのオカンも、ちゃんとは知らなかっただろう。

赤軍派、日本赤軍の存在は、78年、つまりあさま山荘事件の72年から、まだ6年ほどしか経っていなかった当時には、まだまだ生々しい存在だった。

実際のところは、共産主義思想の過激派として、あさま山荘事件や連続企業爆破事件を起こしたテロ組織、となるが、大阪の町外れ風に言えば「なんや、よう分からんけど危ない連中」ということになる。「梅内恒夫《うめないつねお》」「坂東國男《ばんどうくにお》」など、メンバーの名前は、町なかに貼られていた、子供心にもなんとも不気味で怖ろしい警察のポスターを通じて、僕たちも知っていた。でも――まさかトン吉・チン平・カン太が、梅内恒夫や坂東國男の仲間なのか？

「ほんまかいな？　あんなに明るくて機嫌のええ兄ちゃんやけど、なんか、危ない連中なんやろか？」

よく知らないままに僕が聞く。するとキモトもよく知らないままに、

「まぁ、俺もよう分からんのやけどな、オカンがセキグンハ、セキグンハって、気を付けろって」

ふわっとした会話が続いていく。

「どうする？　監督に言うとこか？　あいつらセキグンハかもって」

キモトは一瞬考えて、僕の不安に応じた。

「いや、兄ちゃんら、ノックとか球拾いとかしてくれるから、練習におらんようになると面倒くさ

いで。せやから当分は黙っとこか」

チームのキャプテンとして、ちゃっかりと彼らの力を借りることを第一に考えた上で、セキグンハ話を闇に葬ることを主張した。僕もそれに従った。

「ほーい、外野、行くでー」

トン吉がノックをする。トン吉のノックはうまい。守備位置から、ちょっと走らないと取れないような絶妙な位置にフライを打ち上げる。

東大阪の夏、真っ青な空に、トン吉が打ったボールが吸い込まれていく。今日は炎天下だけれど、光化学スモッグは出ていないようだ。

3

「アホか。あの子らは、そんなんとちゃうちゃう！」

母親に聞いたら、笑いながらこう返してきた。

「もしあの子らが、ほんまに赤軍派なら、警察から隠れるのに精一杯で、あんたらのソフトボールの練習なんかに来《け》えへんわ！」

ちょっと安心した。じゃ、トン吉・チン平・カン太は何者なんだ？

「あの子らは……たぶん学生運動崩れやな」

何度か聞いたことのある言葉だ。大学生がヘルメットかぶって「アンポ、ハンタイ!」とか言って、道路を練り歩くやつか。

「そうなんや、危ない連中なんやろか?」

「いや全然。そんなん言うたら、お母さんもお父さんも、大学時代、学生運動やってたんで」

「え! ほんまか!?」

昭和13年生まれで、現役で京都大学文学部に入学した母親。しかし、まさか学生運動をしていたのか。それどころか父親も……。これは驚きだ。さらに驚くことを母親は継ぎ足した。

「お父さんに出会ったんも、学生運動が縁やったんや」

もう訳が分からない。母親と父親を結び付けて。それどころかトン吉・チン平・カン太にまでつながる「ガクセイウンドウ」ってなんなんだ?

「まぁ、詳しい話はまたにしよか。でもちょっと時代が違うねん。私とか、お父さんの頃は『60年安保』っていうて、もっと真面目で地味やってん。まだ貧しかったしな。テレビも持ってへんかったしな。でも、あの子らの学生運動、ちょうど私らと10年違う『70年安保』のときは、ちょっと変な方向に変わってってってなぁ」

僕はもう、「ガクセイウンドウ」に興味津々だ。頭の中はもう、幼稚園のときにテレビで見た「あさま山荘事件」の映像や、駅前の電柱に貼ってある「梅内恒夫」「坂東國男」のポスターでいっぱいになっている。

「セクトっちゅうねんけど、訳の分からんいろんなグループに分かれて、あと火炎瓶投げたりとか、危ないことしよるようになって、もうお母さんの頃の学生運動とは、似ても似つかんもんになったんや。あと、最悪やったんは……」

「最悪やったんは？」

「『総括』いうてな、リンチしてな……」

母親は急に小声になった。

「仲間内で殺し合いとかしてな。それでお母さんら、もう、あんなんは学生運動ちゃう、犯罪やって思《おも》たわ……」

なるほどそれは最悪だ。でもそんな残酷な話と、トン吉・チン平・カン太は、いかにも不似合いだ。

「ほな、トン吉・チン平・カン太も、危ないことしてたんやろか？」

すると母親は一転、大笑いした。

「アホか、あんなええ子らが、そんな怖いことできるわけないやろ！　危ないんはほんの一握り。でもそいつら一握りのおかげで、学生運動は一気にしぼんでいったんや」

母親は続ける。

「あの子らは、ま、せやな、ヒッピーいうか、フーテンいうか、学生運動をきっかけに、自由に目覚めて、大学辞めただけの気のええ子らやろ。せいぜい仲良うしてあげたって」

なるほど。これでトン吉・チン平・カン太がセキグンハである可能性は、ほぼなくなった。それでも「ヒッピー」「フーテン」「自由に目覚めて、大学辞めた」っていうのは、どういうことなんだろう。

よく分からないけれど、僕の両親とは違う、何か新しい生き方を目指しているはずだ。また新しい疑問が生まれた。

4

母親と会話をした後、深夜ラジオを聞いていたら、今まで聴いたことのないような、ちょっと変わった曲が流れた。

――♪君のひとみは10000ボルト

曲名もそのまま『君のひとみは10000ボルト』。アリスのメンバーで、谷村新司のパートナー的存在の堀内孝雄が、ソロで歌っているのだという。

変わっていたのはタイトルだった。「10000ボルト」とはなんなんだろう。それでも、当時人気のピークを迎えていたアリスのシングルにも共通する、突き抜けるように開放的なアコースティック・サウンドが気持ちよく、小6の僕が聴いても、いかにも売れそうな感じがした。

なんといってもイントロがいい。ジャンジャンジャカジャカというアコースティック・ギターのコードストロークがたまらない。これは『今はもうだれも』や『冬の稲妻』にも共通するもので、世間はアリスを「フォーク」「ニューミュージック」として分類したが、僕にとってはまぎれもなく「ロック」だった。

もう少し具体的に言えば――「西海岸ロック」。

「西海岸」とか「カリフォルニア」という言葉が、大学生や、トン吉・チン平・カン太らが読んでいる雑誌の中でもてはやされていることを知っていた。たまに聞くFM大阪の番組でも、DJがよく「西海岸ロック」「西海岸サウンド」という言葉を発していた。

だから、その「西海岸」が、大阪の西側の大阪湾ではなく、北米大陸の西の海岸だということは、ちゃんと知っていた。

近鉄中河内駅前の本屋「中林書房」で、ちょっと背伸びして『POPEYE』と書かれた雑誌をパラパラとめくると、西海岸の若者、おそらくは大学生の写真が山ほど詰め込まれている。Tシャツにジョギングパンツ、スニーカー。そして個人的に強く印象に残ったのは、彼らが乗っている自転車だった。タイヤにかぶさる、いわゆる「泥除《どろよ》け」の無い自転車。

おそらく西海岸では、この大阪と違って、ほとんど雨が降らないのだろう。その違いに気づいたのは、雑誌の中の自転車を真似て、僕のミニサイクルの泥除けを外して走っていたら、途中大雨に遭い、雨と泥で、背中が真っ黒になったときだった。

と、流行の西海岸について、なんとなくは感じていたのだが、正直、それ以上の具体的イメージはなかった。僕が具体的に認識した「西海岸」は、この夏、トン吉がたまに着ていたランニング（「タンクトップ」という言葉はまだ知らなかった）に書かれていた「ＵＣＬＡ」のロゴぐらいのものだったのだが。

にもかかわらずそんな僕でも、アリスのヒット曲を聴くと、「これぞ西海岸!」という感じがするのだから、不思議なものだ。

驚いたのは、この曲がザ・おしゃれ、ザ・東京の最先端おしゃれという感じの資生堂のキャンペーンCMでも流れていることだった。それも「君のひとみは10000ボルト」という宣伝コピーを堂々と使いながら。

それが「CMタイアップ」という、80・90年代の音楽シーンを席巻し、商業化を推し進める革命的な手法だということを知るのは、もうちょっと後のことだ。

また、これは『君のひとみは10000ボルト』とは直接の関連はないのだが、夏休みの終わりに、読売テレビで『24時間テレビ』という、一日まるごと流れるチャリティ番組が放送されるらしい。


隣町のチームとの練習試合で、僕が守っている一塁に、ノグチがフォアボールでやってくる。フォアボールはボールデッドになるので、少しだけ話す時間がある。

「ノグチは『君のひとみは10000ボルト』知ってるか?」

「そんなん常識やろ。そしたら『24時間テレビ』知ってるか?」

とノグチが得意げに被せてくる。

「あぁ、なんか聞いたような気がするけど、あれってなんや?」

僕が一塁ベースに立つ最後の夏は、電波の向こう側で、何か新しいことが起き始めている夏だった。

5

近鉄中河内駅の駅前にミスタードーナツが出来た。駅に併設された小ぶりな商店街に、本屋さんやクリーニング屋さんと一緒に開店したのだ。出来たばかりでガラスがキラキラ光っている。喫茶店に入るのは、また度胸がなかったが、ミスタードーナツなら入れるだろうと、僕とキモトは足を運んだ。

僕は、見た目にいちばんオーソドックスなドーナツと一緒にコーヒーを頼んだ。いつも家では紅茶を飲んでいるのだが、ここはコーヒーだろう。

瓶の容器の中に砂糖が入っている。上の部分が円錐のようになっているのだが、入れ方が分からない。試行錯誤していると、円錐の頂点のところにある穴が開いて、僕のコーヒーに大量の砂糖が流れ込んだ。

アホやなぁと、キモトに笑われた。自分だって、この容器の使い方、分からなかったくせに。

すると、向こう側のテーブルに、トン吉・チン平・カン太が仲良く並んで、ドーナツを食べている。トン吉とカン太は白いTシャツにジョギングパンツという出で立ち。チン平はポロシャツにジーンズ。テーブルの上には、おそらく駅前商店街にあるレコード屋「喜多」で買ったばかりなのだろう、LPが2枚置かれていて、トン吉とカン太が、ニヤニヤしながら見つめている。チン平は相変わらずの仏頂面だ。

キモトが思い付いたように言う。

「あいつら、部屋で、10000ボルトの電流が流れる爆弾作ってるかもしれんぞ。だって、あいつらセキグンハやから」

キモトは「セキグンハ話」を、ちょっと楽しみつつあるようだった。母親との会話で僕は、彼らがセキグンハである可能性はかなり低いぞと思いつつ、それでも「ヒッピー」「フーテン」という別の怪しい存在である疑念を、まだ抱いている。キモトが言う。

「トン吉・チン平・カン太の家に行ってみいひんか？　セキグンハかどうか、部屋見たら分かるやろ」

「どうやろ？」

「セキグンハやったら、俺はキャプテンとして、トン吉・チン平・カン太をクビにするように監督に言わなあかんし」

それは、さすが我がチームのキャプテン。正しい判断だ。

「部屋の中に入ったら、すぐに隅々まで見渡して、10000ボルトの爆弾みたいな怪しいものを作ってないか、確かめるんや」

僕が怖がっているうちに、キャプテンはすたすたと3人のテーブルに向かっていく。僕もそれを追いかける。

「練習に付き合《お》うてくれて、いつもありがとう」

ニコニコしながらキモトが3人に言う。

「いやいや、俺らも趣味でやってるんやから、気にせんでええで」

トン吉がまんざらでもなさそうに言う。

「そのLP、どんな音楽？　聴きたいわぁ」

キモトが、実に適当なことを言う。パッと見る限り、そのLPは洋楽だ。それも流行りの西海岸っぽい。少なくとも僕らが知っている『君のひとみは10000ボルト』ではない。

「おお、ええやん。ほな、一緒に聴くか？　俺らも買うたばかりで、早よ聴きたいねん」

まさか、早速話がまとまった。

かくしてキモトと僕は、トン吉・チン平・カン太の部屋に行くことに、いや、「アジトに潜入」することとなったのだ。

6

彼らの家は、一軒屋だけれども、とても狭く、いかにも借家という窮屈な風情で、タバコの臭いが、壁の隅々にまで染み込んだような部屋だった。

それでも一応、2階家になっていて、上の階では3人がせんべい布団で雑魚寝しているという。おそらくは、かなりむさ苦しいことになっているのだろう。

逆に1階は、思いのほか整頓されていて、難しそうな本がびっしりと並んだ本棚に、卓袱台。その周りに、少年漫画誌が数冊、散らばっている程度。もちろん爆弾を製造している様子はどこにもなかった。

あったのは爆弾製造装置ではなく、銀色に光るアンプ、チューナー、カセットデッキ……とても大きなシステムコンポだ。黒いラックに、きれいに収まった立派な音響装置。3人とも大の音楽好きで、みんなでこつこつアルバイトをして買ったもので、大切に使っているのだという。そして、コンポの上の壁には、長髪にヒゲ、ダンガリーシャツにジーンズというファッションに身を包んだロックバンドの、とてつもなく大きいモノクロポスター。

「これ、誰?」

身の丈が一番小さいカン太が答える。

「これはな、ただの西海岸のヒッピー連中や」

ヒッピー!——母親が言っていた「ヒッピー」とは、こいつらのことなのか。

「いや、これはな、イーグルスっちゅうねん。俺らみんな大好き。聴かせたろか?」

と言って、レコード屋でよく見かける『ホテル・カリフォルニア』のLPをラックから取り出し、A面を頭から流しっぱなしにした。

物憂げなタイトルチューン『ホテル・カリフォルニア』が終わると、とても爽やかで落ち着いた『ニュー・キッド・イン・タウン』が流れ出す。トン吉・チン平・カン太、そして、この曲を初めて聴くキモトと僕が、うっとりしながら黙って耳を澄ませている。

「これが本物の西海岸の音かぁ」

と思っていると、カン太は
「ええやろぉ。あと、この曲もええで」

と言って、ミスタードーナツでニヤニヤしながら眺めていた、買ったばかりのLP、『イーグルス・グレイテスト・ヒッツ 1971-1975』を封から開けて、A面1曲目の『テイク・イット・イージー』を、大音量でかける。

ジャーン!! 12弦ギターによるGのコードが、大音量で部屋の中に、いや表の路地まで響き渡る。

「ええやん、これ！」

キモトも乗ってきた。

「そんで、『テイク・イット・イージー』って、どういう意味なん？」

僕が聞いてみた。すると、のっぽのトン吉が明るく言った。

「気楽に行こう、みたいな意味やろ」

「そうそう、悩んだりせずに、気楽に楽しく生きたいんや」

カン太が言う。すると、いつもは寡黙なチン平が真面目な顔つきで珍しくこう継ぎ足した。

「俺らの合言葉や。テイク・イット・イージーに生きていきたいと思てんねん」

打ち解けた雰囲気になったところで、タイミングを見計らったように、キモトが切り出した。

「兄ちゃんら、セキグンハなんか？」

トン吉・チン平・カン太が、一瞬、驚いた表情をして顔を見合わせた。勢いに乗って、僕も聞いてみる。

「兄ちゃんら、ガクセイウンドウしてたんか?」

一瞬の気まずい沈黙——。そしてカン太が、「CAMEL」と書かれたタバコに火をつけて、半笑いの顔つきでこう答える。

「ちょっとだけなぁ。俺らが行ってた大阪市立大学《イチダイ》は、学生運動がえらい盛んでな、あの頃、みんな運動やってたんよ」

「でも俺ら、しょせんノンポリやから、赤軍派とか、そんな突き詰めたレベルと全然ちゃうねん。たまーにデモや集会に顔出したくらいやった」

トン吉が分かりやすく説明してくれた。安心だ。「ノンポリ」の意味が分からなかったが、とにかく本人が言うのだから間違いない。彼らはセキグンハではなかったのだ。

しかし、チン平に対しての、次のキモトの質問が、そんな安堵した気持ちを、一瞬で暗転させることになる。

「真ん中の兄ちゃんも、そうなんか?」

さっきよりも長い沈黙が、部屋の中を支配した。チン平はじっと部屋の隅を見つめ、顔をこわばらせた。沈黙を埋め合わせするように、イーグルスが流れ続ける。

「こいつはなぁ、割とヤバいところまで突き詰めたんや。学生運動……」

トン吉がチン平を指して言った。

「兄ちゃん、そうなんか？」

僕は不安でいっぱいいっぱいになりながら、チン平に直接聞いてみた。チン平が重い口を開ける。

「まぁ、この話は、小学生にはまだ早いかな。いろいろあったんやけど、しょせんは若かったちゅうことやな」

一文字一文字を確かめるように、チン平はゆっくりと朴訥《ぼくとつ》に話し始めた。

「人に裏切られたり、傷つけたり、いろいろあったんやけど、分かったんは、いちばん大事なことや。つまり……」

つまり――チン平は何を語るのか。僕とキモトは、固唾を飲んで待ち構えた。

「テイク・イット・イージー……」

そうとう真面目な、思い詰めたようなトーンだった。

「そやそや！　テイク・イット・イージーやぁ！」

雰囲気を変えようとしたのか、カン太が大声で叫ぶ。するとトン吉も、

「イエーイ！　テイク・イット・イージー！」

と叫んで、当時流行り始めていた、こぶしを握りしめて親指だけを突き出すポーズで応えた。なんとなく乗せられて、僕とキモトも、ブラウン管の中のアン・ルイスのように、そのポーズをして

「イエーイ！」と返した。

その日、彼らの部屋の中では、イーグルスがずっと流れていた。

僕はこの日、いろんなことを知った。イーグルスの音楽、学生運動、そして、チン平が何かを抱えていたこと。そして、トン吉とカン太が、そんなチン平に寄り添いながら、みんなで、テイク・イット・イージーに生きていこうとしていること。

「俺らは、あさま山荘やなくて、ホテル・カリフォルニアや！」

カン太がそう叫んで、その日はお開きとなった。

僕とキモトが路地で立ちすくむ。夕焼けが僕らを包み込む。夏休みは、もう終わろうとしている。

7

1978年8月最後の日曜日は、初の『24時間テレビ』が流れる日曜日だった。チャリティがどうこうというより、単にテレビ番組が24時間流れ続けるという事実に気持ちが高揚したその日、ソフトボール・チーム対抗戦で、僕らの「卒業」を祝う親善試合が行われた。相手は、隣町のノグチがいるチームだ。相手チームでは、僕らのピッチャーは絶好調、腕をくるっと回すウインドミル投法から放たれる直球は、おそろしく速く、4回まで僕らのチームは完璧に抑え込まれていた。

『君のひとみは10000ボルト』は、もうかなり流行り始めていた。タイトルの奇妙な語感は、僕らがイジるには格好のネタだった。

次々と凡退していく僕らのチームを見て、相手チームから野次が飛ぶ。

「♪君のチームは10000アウト！」

これがウケる。親たちも笑い、あろうことか、僕らのチームのメンバーも吹き出した。

しかし5回表、4番のキモトと5番打者が連続ヒット。ノーアウト一塁二塁で、6番の僕に打席が回ってきた。

僕のバッティングが不得手なことは、何度も対戦した相手チームには、十分にバレている。

「♪君のチームは10000アウト！」

絶妙なタイミングで、またこの野次。最初のときほどではないが、またウケている。

「♪俺のチームは10000セーフ！」

あまり上手くない野次で、2塁ランナーのキモトが返す。こちらはあまりウケない。そのときカン太が突然、無表情で抑揚のない声、でもしっかり聞こえてくる声をかけてくる。

「テイク・イット・イージー！」

僕らの試合は7回制。ということは、これが小学生時代の最後の打席かもしれない。だとしたら、悔いのないように、気楽に、思いっきりスイングしてやろう。

そう決めた。1球目――ボール。2球目――ボール。そして3球目――とんでもない高めのボール。

ノースリー。僕らのチームのルールでは、打ってはいけないカウントだ。でも最後の試合だからか、監督からは何の指示も出ていない。

「テイク・イット・イージー!」

今度はトン吉から声がかかる。4球目——ど真ん中——気楽に——思いっきり——

「テイク・イット・イージー!」

今度は僕が、心の中で叫ぶ。

「スイング!」

ボールが外野に飛ぶ。ヒット! 二塁ランナーのキモトがホームを突く。外野から矢の返球。

セーフかアウトか?


「♪君のチームは10000アウト!」。相手チームから。

「♪俺のチームは10000セーフ!」。キモトから。


僕は、とっさにチン平を見た。珍しくニコッと笑って、こぶしを握りしめて親指だけを突き出すポーズをしている。それはアウトを表す手つきでもあったが、僕はセーフであることを確信した。

小学生最後の夏は、いい夏だった。

第六章

渡辺真知子

『ブルー』

作詞・作曲／渡辺真知子　編曲／船山基紀

1978年8月21日発売

1

１９７８年、僕は小６の秋を迎えている。僕が生まれたときから一緒に住んでいる祖母は、大正2年、奈良県の桜井に生まれた65歳。

奈良生まれの祖母は、いわゆる「教育ママ」の走りのような人で、昭和30年代初頭に、女性の四年制大学進学率がまだ２％台だった頃に、これからの女には学業も必要な時代だと意気込んで、母親を現役で京都大学に入れるという難事業に成功したのだから、すごい。母親は長女だったのだが、続く次女、三女も大学に入れた。実はもう１人、母親と次女の間に長男がいたというが、戦争中に亡くなったという。詳しくは知らない。母方の祖父も、僕が生まれる前に亡くなっていた。京都大学の学生運動で出会った両親。

「教育ママ」の名残りは、65歳になっても留めており、僕ら兄弟に対して、突然けたたましく怒り出すときもあったものの、基本的には、年相応に優しい「おばあちゃん」だった。

いつも和装である。洋服を着たところは、ほとんど見たことがない。糖尿病を患っていて、週に一度、柏原《かしわら》の方にある病院に通っているが、身体は元気で、日々の買い物は、祖母の担当である。また、ふたりとも教師、共働きの両親に代わって、僕ら兄弟の食事を作るのも、祖母だった。分かりやすくいえば、僕らは「おばあちゃん子」だった。

寝室は居間で、布団が敷きっぱなしになっている。畳んで押し入れに入れるのが面倒なのだろう。でも、僕ら兄弟はそれを普通のことだと思っていた。

布団を敷きっぱなしにしているということは、買い物のとき以外は、家にいるということである。当然、交際範囲も狭く、日がな家でテレビを見ている。テレビを見て、ブラウン管に向かって、笑ったり、文句を言ったりしている。78年の65歳はそんな感じだった。

交際範囲が狭かった祖母だが、1人だけ友だちがいた。たまに家に来て、祖母の部屋となっている居間に、寒くなってから置かれる石油ストーブの前に座って、なんということはない会話を祖母と楽しんでいる。

子供心にちょっと気になったのは、母親が、その友だちを遠ざけていることだ。

「なんでまた来てんねやろ、あの人」

いかにも邪魔者のように陰で言うのを、僕は何度となく聞いたことがある。

その友だちのことを僕は、こう呼んでいた――「レコードのおばちゃん」。

2

レコードのおばちゃんが、うちを訪ねてくるようになったのは、かなり前のことだという。僕が生まれる前から、祖母とは仲がよかったらしい。そもそも年格好も、祖母と似通っていた。

そこに兄貴が生まれ、僕が生まれ、その上、両親が共働きで、やんちゃざかりの僕ら兄弟の面倒を見るのも手一杯になることが多く、そういうときは、レコードのおばちゃんが、よく訪ねてきて、僕らを連れ出して、面倒を見てくれた。

息子が事業を起こして成功しているのだと、彼女はよく言っていた。そのせいか、金回りがいいらしく、近鉄中河内駅前のうどん屋でお昼をご馳走してくれたり、また誕生日だ、入学祝いだといっては、いろいろな物をプレゼントしてくれた。

憶えているのは、僕の小学校の入学祝として、野球のキャッチャー用のマスクを買ってくれたことだ。小1だったので、まだ野球やソフトボールのチームには入ってはいなかったが、友だちとの草野球での自慢の品になった。

僕が、野球帽を後ろ向きにかぶり、もらった「キャッチャーのお面」（と呼んでいた）をすると、レコードのおばちゃんが「ええがなええがな、南海の野村みたいやな」と喜んでくれた。まだその頃の僕には、「巨人の王、長嶋」は分かっても、「南海の野村」は知らなかったのだが。

物心ついた頃から、たまにうちに来ては、僕のおばあちゃんと和菓子を食べながら、小一時間ほど世間話をして帰っていくレコードのおばちゃん。どんな人なのか、どんな経緯で祖母と仲良くなったのか、全然知らされていなかった。

では、なぜ僕らが彼女をレコードのおばちゃんと呼んだのか。それは、彼女が時折思い付いたように、僕らにドーナツ盤を買ってきてくれるからだ。

僕が小学校低学年だったときには、子供向け番組の主題歌が多かった。『超人バロム・1』『ウルトラマンタロウ』『仮面ライダーV3』などのレコードは、すべて彼女がプレゼントしてくれた。

「買《こ》うたったで、ほれ」

レコードのおばちゃんは、数枚のドーナツ盤を僕らに渡す。「あぁ、これ聴きたかったんや」「これは、別に要らんわ」と、口々に勝手なことを言いながら、僕らはそそくさと2階に駆け上がる。当時、うちの2階には、ナショナル製の赤くて小さいポータブルプレイヤーがあった。一応はステレオ仕様で、音の出るところが赤くなっているプラスチック製の小さなスピーカーがふたつ、壁にかかっている。

もらってすぐの『超人バロム・1』のドーナツ盤をターンテーブルに乗せる。ベルトドライブが駆動して、塩化ビニールの円盤が45回転で回りだす。水木一郎の濃厚な歌が、小さなスピーカーから湧き出てくる。

――♪ブロロロロー　ブロロロロー　ブロロロロー！

「ええなぁ」

「ええやんなぁ」

兄貴と僕は、口々に感動を伝え合う。遅れて、レコードのおばちゃんが、のっしのっしと階段を上がってくる。

「ええか？　気に入ってくれてよかったわ」

自慢げに話しかけてくる。そんな「レコード受け渡しの儀」が、季節が変わる毎に催されたのだ。

ただ、僕が高学年となってからは、歌謡曲やニューミュージックを熱心に聴き始めたので、正直、彼女が買ってくる子供向けの漫画のレコードをありがたく思わなくなった。

というわけで僕は、プレゼントをもらう側なのにもかかわらず、欲しいレコードを彼女に指定し始めた。

「あんな、俺もう子供向けの漫画とか、あんまり見いへんねん。だから違う曲のレコード欲しいねん」

「ほな、今度は、どんなレコードや？　おばちゃん、憶えられへんからメモするわ」

彼女は、小さなメモ用紙を取り出し、曲名と歌手名をひらがなで書く。そうして、数カ月後、またうちに来るときに、そのシングル盤を持ってきてくれるのだ。

レコードのおばちゃんのそんな振る舞いを、母親は、あまり歓迎していなかった。家族でもない者が、息子たちにタダで何かを買い与えるのを快く思わないという、親としての真っ当な感覚だろう。

そもそも母親と祖母は、些細なことでよくキャンキャン言い合いをしていた。もしかしたら少女時代に無理やり勉強をさせられたことへの怒りがまだくすぶっているのかもしれない。父親はごくたまに、2人が言い合うさまを見て「女性同士って、ちょっとしたことであああなるから憶えておけよ」と僕に囁いた。そんな母親と祖母の関係が、レコードのおばちゃんを疎んじる気持ちにつながっていたかもしれない。

それでも僕は、調子に乗って、歌謡曲やニューミュージックのシングル盤を、彼女にお願いし続けた。キャンディーズや岩崎宏美、西城秀樹、アリス……。そして、小6になって、またお願いできるチャンスが巡ってきた。

「ほな、今度はな、渡辺真知子『ブルー』って曲がええわ」

「わたなべまちこ、の、ぶるう、かいな。分かったで」

78年夏に発売されたシングル、渡辺真知子『ブルー』。彼女が持ってきたのは、少しインターバルが開いた、秋も深まる頃だった。

渡辺真知子が美しいジャケットに見とれつつ、いつもと同じように、ポータブルプレイヤーに盤を乗せて、さっそく聴いてみる。イントロが絶品だ。そのキラキラした音からは、色とりどりのステンドグラスのようなイメージが浮かんだ。


——♪あなたと私いつも　背中合せのブルー

色とりどりのステンドグラスの先に見えるのは、ブルー＝陰鬱な空——そんなイメージが脳内に広がった。小学校6年生の秋、レコードのおばちゃんがくれたのは、頭の中に広がるステンドグラスと陰鬱な空のイメージだった。

3

「また、あれへんわ」

渡辺真知子『ブルー』が、2階のポータブルプレイヤーから流れて数ヶ月後のことだった。78年も年の瀬に入って、僕の狭い家もバタバタし始めた頃、祖母が、自分の長財布を覗き込みながら、布団の上でボソボソと何か言っている。財布から、千円札が数枚無くなっているのだという。

「え？　泥棒でも入ったんかいな？」

怖くなってオタオタする僕に対して、祖母はなぜか冷静に話した。

「いや、あの人ちゃうかと思てんねん」

祖母によれば、レコードのおばちゃんが犯人ではないかというのだ。実は、これまでにも、しばしば同様の騒ぎがあって、それらがすべて、彼女が家に来た後で起こったのだという。

「あのババアは泥棒や、二度とうちに上げるなよ！」

この年、中学生になった兄貴は、わざと汚い言葉遣いをすることが多くなった。ついこの間まで、僕と一緒に「レコードのおばちゃん」と呼んでいたくせに、突然「ババア」と息巻いた。

僕も頷いた。頷いたけれど、あれだけレコードを買ってくれて、たまには近鉄中河内駅前のうどん屋にも連れてってくれた、あのレコードのおばちゃんが、泥棒なんて、にわかには信じにくい。

憶測のやりとりにしんどくなって、僕は2階に駆け上がり、彼女にもらった渡辺真知子『ブルー』

のジャケットを見つめた。ジャケットに写っている、美しい渡辺真知子の姿を見るだけで、ステンドグラスと曇った空のイメージが広がって、ささくれ始めていた心がすーっ収まる。

――♪あなたと私いつも　背中合せのブルー

それでも心の中で、僕は当惑した想いを繰り返す。

僕は今、生まれて初めて、盗品を手にしているのか――。彼女は僕が、生まれて初めて、知り合った犯罪者なのか――。

明日、勇気を出して母親に訊ねてみよう。僕がこのレコードを持っていていいのかどうかを。

4

「証拠もないのに、泥棒とか犯罪者とか言うたら、絶対にあかん！」

母親はピシャリとそう言ってから、でも少し声を潜めてこう続けた。

「でもな、うちの中学でも、万引きの常習犯とかおるんや。ジョーシューハンって、繰り返し繰り返しやりよるっていう意味やねん」

母親が勤めている中学は、東大阪市ではなく、大阪市生野区《いくのく》にある公立中学だった。校内には不良学生が多く、すでにかなり荒れ始めていると聞いていた。

「そんなん、万引き見つかったら、めっちゃ怒られるやん。そいつら、なんで凝りへんねん?」

と僕が聞くと、

「あぁ、普通そう思うやろ。でもな、物欲しさで盗む奴もおるけど、万引きのスリルがたまらん、ちゅうて繰り返すっていう奴もおるんや。あと、やっかいやねんけど、もうほんまに無意識に盗んでしまう奴もおるで」

「何それ、よう分かれへんわ」

「『盗癖』っていうねん、それ」

「トーヘキ……?」

「そう。『盗む』っていう字に『癖』って書いて、『盗癖』。でもな」

と母親は、もう一度声を張って、

「証拠もないのに、泥棒とか言うたらあかんで!」

と繰り返した。僕は心の中で「どっちやねん?」と思いながら、でも母親がレコードのおばちゃんを明らかに疑っていること、そして彼女をこれまで遠ざけ続けていた理由が、そのトーヘキとやらに潜んでいることを確信したのだ。

僕にとってレコードのおばちゃんは人格者だし、人当たりもいいし、とても悪いことをする人には見えない。それでも、もし、おばあちゃんの財布から、いくらかをくすねているのだとすれば、それは盗癖ではないか、金欲しさというよりは、もうそういうのが癖になってしまっているのではないか。

あっ！——そのとき僕が思い出したのは、彼女からもらった何枚ものドーナツ盤のことだ。普通に買ったら封入されるレコード屋の袋に入った形でもらったことは一度もなかったではないか。

「とにかく、しばらく、おばちゃんとは距離置いた方がええな」

と母親は言った。そんな騒ぎを察知したのか、単なる偶然か、レコードのおばちゃんは、それから我が家に来ることは二度となくなった。

そして僕も、渡辺真知子『ブルー』のシングル盤を聴くことがなくなった。

——♪あなたと私いつも　背中合せのブルー

さようなら、レコードのおばちゃん。

5

地元の子供会が運営するソフトボール・チームは、夏休みが終わると同時に卒業した。しかし、寒くなって、ソフトボールからキックベースのチームに変わると、たまに遊びに行った。「ＯＢ」として、少々偉そうな振る舞いをしながら。

キックベースの帰り、例のセキグンハ、トン吉・チン平・カン太の家に遊びに行った。セキグンハの面々は、キックベースの練習も手伝っていた。そして僕は、例のチン平の告白から、いよいよ彼らと親しくなって、ひとりでよく遊びに行っていたのだ。

長髪、ヒゲのヒッピー風3人組の「アジト」は、その頃、僕のアジトでもあったのだ。

セキグンハの家の中には、レコードと本が、棚にきれいに並べられている。いつものように3人は、こたつに入って、イーグルスのLPをかけて、タバコをふかし始める。

今日のLPは、いつもの『ホテル・カリフォルニア』ではなく、帯に『呪われた夜』と書いてあるものだった。その帯を見て僕は、ちょっとおどろおどろしく感じた。

「こんな寒いのに兄ちゃんら、チームの練習、手伝うん好きやなぁ」

「そらな、子供らがニコニコしながら、球を追っかけてるん、見るの楽しいからや」

3人の中でも、いちばん練習に熱心なリーダー格のトン吉が、そう答える。

「ふーん、そんなもんなんや」

そのとき僕は思った。レコードのおばちゃんの盗癖が、無意識とか快感のためではなく、ただ単に、僕ら兄弟がニコニコしながら喜ぶのを見たいがためだったとしたら――。

ふと、レコード棚の横にある本棚を見た。3人が読み終わったものだろう。いろんな種類の本が、きれいに並べられている。

『橋のない川』という名前の本が、本棚の真ん中にずらっと揃っている。それを見て僕が言う。

「『橋のない川』……川に橋なかったら、大変やなぁ」

「せやなぁ、奈良どころか、中河内駅へも行かれへんわ」

バカ話に継いで、僕はこう尋ねた。

「この、びっしり並んでるレコードとか本とか、全部、兄ちゃんらが自分で買《こ》うたんか？」

対して、トン吉が答えた。そこからの会話は、僕がその後の人生で忘れることができない鮮烈なものだった。

「アルバイトとかしたらな、そのなけなしのカネで、レコードとか本とか買うねん」

トン吉が続ける。

「坊主、自分の金でレコードとか本とか買うのんって、最高やで！」

ダメ押しで、チン平がつぶやく。

「自分のカネで買う。だからしっかり読んで聴く。だから、ほんまに感動する」

自分のカネでレコードとか本とか買うことって、そんなに最高なことなのか！

「でな、自分で買うたレコードとか本が並んだ、このレコードラックとか本棚見てるとな、これが人生や、これが自由やって思うで、坊主！」

トン吉が、ひとり盛り上がるカン太の頭を、パチッと叩いて突っ込んだ。その瞬間、ずっと流れていた『呪われた夜』というＬＰに乗っていた針がプツっと飛んだ。

おどろおどろしい気持ちも、どこかに飛んでいった。

6

それから4年の月日が経った82年夏、僕は高1になっていた。
レコードのおばちゃんとは、泥棒・盗癖騒ぎを最後に、二度と会うことがなかった。
またセキグンハ、トン吉・チン平・カン太とも、中学に入って、ソフトボール・チームから完全に足抜けしてからは、会うことがなくなっていた。

時代は80年代になって、むさ苦しい長髪、広がったジーパンなどセキグンハが好んで着ていたファッションは決定的にダサくなっていた。毎日聞いているFMラジオからも、イーグルスは流れなくなっていた。時代は変わるんだ。東大阪で不良に睨まれていた中学から、大阪市内、街なかの高校に進学した僕は、都会の風を毎日浴びながら、時代の空気みたいなもの、それがいとも簡単に換気されていくことなどが、ちょっとだけ分かってきた。

そんなある日、生まれて初めて、アルバイトというものをしてみた。実際は「アルバイト」というほどたいそうなものではなく、友人の家が経営するお好み焼き屋の自転車配達を、半日ほど手伝ったという程度のものなのだが。

バイト代は三千円だった。貯金をするか、いっそのこと遣ってしまうか、微妙な額だなと思った。

3枚の伊藤博文を握りしめて、近鉄中河内駅前に立つ。真夏の夕方の大阪に特有の重苦しい風が、小さなバスターミナルに漂っている。

「坊主、その三千円、どうすんねん?」

ふと、声が聞こえたような気がした。セキグンハの誰だ? トン吉か? もう会えなくなったトン吉が、バスターミナルの上空、数十メートルから、声をかけてきた、気がした。

「トン吉、そんなん、本とレコードに遣うって決まってるやん!」

心の中でつぶやいた僕は、まず駅前にある本屋「中林書房」に向かった。いつもの所持金は千円にも満たないので、漫画のコミックス売場か、雑誌のコーナーくらいにしか立ち寄らないのだが、今日の所持金はなんと三千円だ。すべての棚を見て回ってやろう。

大きな店舗の中をぐるぐるしながら足が止まったのは、やはり「音楽」のコーナーだ。音楽雑誌ではなく、音楽の単行本が並んである棚。あまり見つめたことのない、言ってみれば大人向けの本が並んでいる。

ビートルズの歴史本を手に取った。いわゆる通史本で、僕のような初心者にも分かりやすそうだ。

その頃、僕はもうビートルズを聴き始めていた。といっても、貸しレコード屋で数枚のLPを借りて、カセットにダビングした程度だったけれど、『オールディーズ』という名の初期ベスト盤のLPは、自腹で買って持っていた。

しかし千五百円もする。どうしたものか。でもビートルズの音楽は僕と肌が合う。あの頃、セキグンハの部屋で聴いたイーグルスよりも、やっぱりビートルズだ。特に、アルバム『プリーズ・プリーズ・ミー』に入っていた『アスク・ミー・ホワイ』なんて最高だ。

ビートルズの歴史本、結局買ってしまった。残り、千五百円。これじゃLPは買えないと思いながら、アーケード商店街の中にある行き付けのレコード屋「喜多」に入った。

レコード屋に入って、ふと思った──「このレコード屋、レコードのおばちゃんの家に近いなぁ」。忘れていた思い出がよみがえった。どちらかと言えば、ざらっとした手触りの思い出だ。

「おばちゃんがくれたレコードは、この店での盗品だったのか?」

それでも、別の思い出、別の記憶が迫ってきて、レコードのおばちゃんの記憶をかき消した。それはトン吉のあの言葉だ

「自分の金でレコード買うの、最高やわ!」

「最高やわ」……「やわ」……「わ」。

そうだ。今向かうべき売場は、アイウエオ順で「ワ」の棚だ!

──♪あなたと私いつも　背中合せのブルー

シングル盤の「ワ」の棚に、あのシングルはまだあった。そう、渡辺真知子の『ブルー』。最近はラジオでもすっかり流れなくなった曲だけれど、この店にはしっかりと置かれてあった。

僕はこのレコードを持っている。レコードのおばちゃんがくれた、もしかしたら盗品かもしれないドーナツ盤を持っているのだ。これを買ったらダブることになる。

それでも買った。７００円を出して買った。

自分で稼いだ金で買うレコードって、トン吉の言うように、本当に最高なのか、聴き分けてやろうと思ったのだ。そして、盗品かもしれないレコードと、自分の腕っぷしで稼いだ金で買うレコード、響きが違うのかも確かめてみたかったのだ。

7

家に帰って、システムコンポのターンテーブルに乗せて、5年ぶりに聴いた。

あのイントロが流れてきた。でも、あの頃とは違うイメージが頭の中に広がった、ステンドグラスのイメージは、あの頃と同じなのだが、今回買った方が、なんというか、音が強い。

おそらくは、あの頃のナショナルのポータブルプレイヤーと、今使っているテクニクスのシステムコンポの違いだろう。本当かどうか分からないけれど「低音の抜けが良くなる」らしいので、わざわざコンクリートのブロックの上に乗せられた2つのスピーカー、その高音部分であるツイーターから出てくるイントロの音。

記憶では「パリパリ」という感じだが、このコンポ、このスピーカーで聴くと、「バリバリ」と、より強く鋭く響いてくる。

――♪バリバリッ　バリバリッ

頭の中のステンドグラスのイメージが変わっていく。4年前と違ったイメージが、僕の脳内に広がっていく。

――♪バリバリッ　バリバリッ

美しく張り巡らされた七色のステンドグラスにヒビが入り始める。

――♪バリバリッ　バリバリッ

七色のステンドグラスが、

――♪バリバリッ!!　バリバリッ!!

割れた！

色とりどりのガラスがバリバリッと割れて、僕に向かって、こなごなの破片が落ちてくる。身をよじって破片をかわしていると、突然僕の身体が宙に浮いて、ステンドグラスが砕け散って、ぽっかりと開いた窓を超えて、空中に飛び出した！

空は突き抜けるほどに青い。そう、ブルーだ――。

橋のない川を超えて、さらに上へ上へ、東大阪から大阪全体、さらに高く高く、そして身体は超高速で地球を巡り始める。日本から、イーグルスのロスアンジェルスへ、ビートルズのリバプールへと……。

すべてが小さく思えてきた。レコードのおばちゃんとの一連のことも、不良に怯えて息を殺した中学時代のことも。

そして今、一気に視野を広げてくれたのは、自分が稼いだお金で買った本とレコードだ。

僕は思った。

「やっぱり最高やわ！」

第七章

浜田省吾

『風を感じて Easy to be happy』

作詞／浜田省吾・三浦徳子　作曲／浜田省吾　編曲／水谷公生

1979年7月1日

1

1979年春。中1になったのを機に、僕は学習塾に行くことにした。兄貴も通っていたその塾は、近所の商店街の小さな美容院の2階に教室があった。いや、教室といっても六畳くらいの普通の畳の部屋に長机が2つ。そこに生徒6人が3人ずつに分かれて、座布団に座る。塾というより寺子屋とでもいった雰囲気だった。

とここまでは、当時の大阪にありがちな普通の塾なのだが、少々風変わりなことがいくつかあった。まずは、その名前である。

「大日本帝國文華學院」=だいにっぽん・ていこく・ぶんか・がくいん。

字面だけを見るとまるで街宣車の看板に書かれた文字列のようにも思えるが、右がかった思想で運営された塾ではなく、単にこの塾を開いた先生による一種の洒落なのだ。しかし、なぜそんな変わった名前にしたのか、その根拠、そのセンスがまず分からなかったし、自分の塾にそんな名前をつけ、「學長」と自称する先生自身も、もちろん風変わりな人だった。

京都大学を卒業したのに、会社員や研究者や政治家にならず、もちろん実家の美容院も継がず、独身を貫き、この塾と、お寺のお坊さんの仕事で生計を立てているというから、謎が深い。というか、お坊さんというあたりが、いよいよ分からない。

一応お坊さんだから、頭は五厘刈りでツルツルである。ただ問題はたいそう伸びたヒゲ。とにかく毛量が多く、(触れたことはないが多分) 剛毛。音楽室に飾ってあったブラームスのヒゲに近い。さらには、狭い部屋で中学生6人を相手にしているにもかかわらず、授業中、缶入りピースを吸いまくる。部屋の中は始終モクモクと煙に溢れている。

——と、ここまでを読んで、そんな不穏な塾に、僕が送り込まれることとなった理由を疑問に思う人も多いだろうが、我が町でそれなりに長く続いている塾で、意外にも評判もよく、つまりは「変わった塾、変わった先生やけど、そこに通たら、勉強が出来るようになる」と思われていたのだ。

とにもかくにも、中1になった僕は「大日本帝國文華學院」に通うこととなった。そこで先生、いや、學長による授業の進め方に、僕はたびたび面食らうことになる。

2

忘れられないのは、いちばん最初の英語の授業でのことだ。

「This is a penを訳しなさい」。

ちょっと前に流行っていたドリフターズのギャグも思い出しながら、僕は答えた——「これはペンです」。すると學長は問い直す——「正解は……それだけか?」

意味が分からず僕がモゴモゴしていると、學長がさらに問うてくる——「お前は普通、そんな言葉遣いするんか?」

僕は、とっさに「これはペンや」と返してみた。他の生徒が一斉に笑った。

「それも正解!」

笑いながら僕を小馬鹿にしていた生徒たちが驚く。

「なんで標準語で答えなあかんねん? なんで英文和訳になると、途端に東京弁になんねん? そんなん差別とちゃうんか?」

僕も他の生徒も、ぽかんとする。

「あとな、『This is a pen』っていう状況を考えてみい。『これはペンや』って、どんな状況で言うと思う?」

隣に座る男子生徒が右手を挙げた。

「ボールペン2本使《つこ》て、うどん食べ始めようとしてるとき」

「そうそう! って、そんな奴おるかい!(笑)」

學長のツッコミに一同、笑いに包まれる。さらに學長が続ける。

「箸とペンを間違えるアホが仮におったとして、そんなときに『これはペンや! 箸とちゃう!』って言うんやろな。だから、ペンであることを強調する言い方が自然やな。ということは、『これはペンです』でもええけど、『これはペンや』も正解。でもいちばんの正解は……『これはペンやがなぁ!』」

生徒一同は、大爆笑しながら、もう學長のとりこになり始めていた。

3

さらに数学の授業において、この塾の個性はより濃く発揮された。

學長はたまに激怒することがある。生徒に、というより、学校で行われている表面的な教え方に。

僕が學長のカミナリを落とすのを初めて見たのは、ある生徒がこう言ったときだ。

「分数の割り算は、割る方の分数の分母と分子を反対にしてかけるんです」


「アホかーーー!!」


教室が静まり返った。

「そういうことを信じてると、いつまでも数字に使われるぞ。ちゃうねん、数字を使いこなす側に立つねん」

學長は、珍説をぶち始める。

「割り算なんかは、今日を限りに忘れてしまいなさい。俺に言わせれば――割り算は分数や」

手元に積み重ねているごわごわしたわら半紙を使って説明し始める。この塾には、黒板がなかった。

「そもそも割り算の記号『÷』を見てみい。これ、分数のことやろ?」

確かにそうだ。でもだからといって、小学校から習い続けてきた割り算を忘れていいものか。

「設問はなんや？　$2/3 \div 4/5$か。それは、こういうことやろ？」

學長はわら半紙にペンを走らせる。

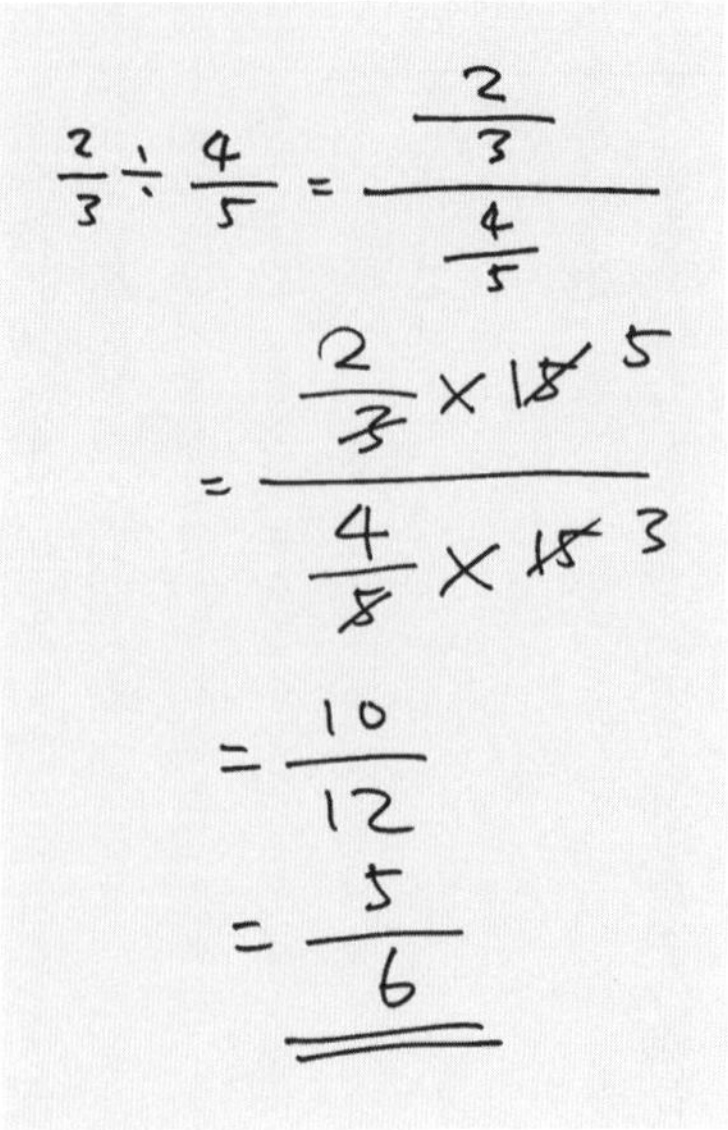

「ほら、こっちの方が全然分かりやすいやろ。分数を反対にしてかけたのと、たまさか結果は同《おんな》じやけど、そんな覚え方してると、覚え方自体を忘れたら解かれへんようになるで。それは、数字に

使われるっちゅうことやねん」

そして學長は、静かな声でダメ押しする。

「数字に使われる人間になったらあかんのや」

圧巻だった。そして、かなり先走っていえば、あれから四十年以上経ったにもかかわらず、今でも僕は、この解法を忘れたことがない。

4

塾は月曜と金曜の週2回。塾のある月曜の前日＝日曜日は、夕方にもなると、明日からの学校のことを思いながら暗くなる。この現象のことが、のちに「サザエさん症候群」と言われるようになるが、当時の僕にとっては「ヤングおー！おー！症候群」だった。

『ヤングおー！おー！』とは、MBS毎日放送の制作で、日曜の夕方に放送されていたバラエティ番組だ。関西制作／全国ネット／生放送という、令和の世ではほとんど見なくなったかたちの番組である。東京に比べての大阪の勢いが、まだ残っていたということなのだろう。桂三枝（現：文枝）を中心とした、上方の落語家や漫才師が多数登場する。また歌謡曲の歌手やアイドル、バンドやシンガーソングライターなど、幅広い音楽家も出演した。

僕が塾に通い始めた79年の『ヤングおー！おー！』は、落語家と称するものの、まったく落語家然としてない若者＝明石家さんまが頭角を現し始めた時期である。阪神タイガースの小林繁の物まねがたいそう受けていた。

そして、カップヌードルで知られる日清食品の提供だった。番組を見ていると、明日からの学校を思って憂鬱になり始めた僕に向けて、カップヌードルのCMが何回も流れる。

中1だった頃のある日曜日。『ヤングおー！おー！』で流れたカップヌードルのCMで、気になる音楽に出会った。


――♪It's so easy 走り出せよ　Easy to be happy 風の青さを

CMの舞台は、もうすぐ冬季五輪が行われるアメリカの山間の町、レイクプラシッド。青空と雪に囲まれて、白人のアスリートや若者たちが青春を謳歌するさまを映し出している。そして、そのバックで、なんとも陽気で、かつキラキラした、どこか新しい耳触りの音楽が流れる。

――♪It's so easy うつろな夢　Easy to be happy ふり切って

この「It's so easy」「Easy to be happy」が、いつかの「テイク・イット・イージー」ともつながって、とても粋でかっこいい言い回しに思えた。

それだけでは終わらない。「It's so easy」「Easy to be happy」にうっとりしている僕に、強烈なフレーズを投げかけてくるのだ。


――♪自由に生きてく方法なんて100通りだってあるさ

――♪It's so easy, easy to be free

浜田省吾『風を感じて』。

僕を含めた当時の多くの少年少女が、この曲で「浜田省吾」という名前を憶えたはずだ。それから僕は、彼による何十通りもの名曲に溺れることになるのだが、とっかかりは『風を感じて』だ。とっかかりは「自由に生きてく方法なんて100通りだってあるさ」という文字列だ。

自由に生きていく方法――具体的にどんな方法なのかは分からないけれど、生き方にはバリエーションがあるんだ、それも100通りもあるんだ、ということを想像してみると、少しだけ日曜日の夜の憂鬱な気分が晴れていく。しかし僕が実際に知っている大人の生き方なんて、親と、担任と、大日本帝國文華學院の學長の3通りぐらいしかなかったのだが。

5

不良が我が物顔でのさばり始めた中学校に比べて塾の方は、少なくとも僕にとっては居心地がよく、結果、3年間通い続けた。

実は、母親も、學長と知り合いだった。

「塾、どうや？　楽しいか？」

中2の秋あたりだったろうか。不意に母親が僕に尋ねてきた。

「あぁ、楽しいで。中学なんかより、ぜんぜんおもろいわ」

僕は正直に返した。そして、學長と母親の関係が気になって聞いてみた。

「そういえば、お母さんと學長、どんな知り合いなん？」

「ああ、ヤマモト君な。同じ学校だったんよ、私の方がずっと先輩やけど」

母親と學長は、同じ中学・高校の出身なのだという。具体的には、奈良女子大学附属の中高。母親の方が10年ほど先輩らしい。

奈良女子大学は、関東でいえばお茶の水女子大のような名門女子大で、附属中学・高校は共学。つまりは、関西の勉強が出来る少年少女が集まる学校だった。とりわけ母親のように、戦後すぐに通い始めた年代は、そうとうな「ガリ勉」をしたのではないか。

母親は続ける。

「それでクラブも後輩やねん」

「クラブって何？」

「新聞部」

戦後すぐの奈良の受験校の新聞部――どんな感じだったのだろう。まったく想像がつかない。そもそも僕の中学には新聞部なんてないのだから。でもなんとなく、母親にも學長にもそのクラブ名が合っている気がする。

「それでな、10年くらい前やろか。まだヤマモト君が大学生やった頃に、お母さん、彼から相談受けてん。あんたがまだ小《ち》っちゃい頃やな」

「へえ、どんな？」

「うーん。何か難しい話やった……」

いよいよ気になってきた。70年代初頭の學長と母親は、何を話したのだろうか。

「難しい話って？」

「なんやったかなぁ、あの人、学生運動やってたんやな。そうそう、髪の毛もこんなに伸ばして」

母親は両肩のあたりを両手でツンツンと叩く。

あの五厘刈りは、昔、そんなに長かったのか！

「それで、ああ、そうやった。『どないしたら自由に生きれるんですかぁ！』って、つっかかってきて、めっちゃびっくりしたわぁ」

「それ、どこで?」

「商店街のど真ん中で!」

僕は少し笑って、商店街のど真ん中で自由に生きる方法を探していた學長を想像した。

「それで、どない答えたん?」

「いや、もう忘れたわぁ。でもな……」

「でも?」

「私はな、ヤマモト君が訳の分からん難しい言葉遣いばっかりするから、ちょっと怒ってん。『あんた、ほんまに自由って分かってんのか?』ちゅうて」

「ほなら?」

「『あんたも自由やなくて、守りに入ってるんちゃいますかぁ!』って言われて、道端で口論になったんやったわ」

母親も少し笑いながら、思い出を辿る。

「そんな喧嘩していたのに、よう兄貴も俺も、あの塾に入れたなぁ」

「いやいや、こういう会話すんねん。あそこの新聞部って。ぜんぜん怒ってへん。むしろ可愛いもんや。ただ」

「ただ?」

「自由って――あんなもんやない、と私は思うで」

話はここで終わった。最後の言葉のところで、母親がシリアスな顔つきになったからだ。新聞部OB・OG同志の楽しい会話だったと、僕に思わせたかったのだろうが、やはり何か、けっこうシリアスなやり取りがあったのだと、中2の僕は想像をする。だけどそれは、僕が母親に直接聞きだすのはまだ早いということも分かる。

「自由って——あんなもんやない」——だとしたら、自由って何なのだろう。

6

81年春。僕は中3になった。つまり受験生だ。一応入っていた卓球部にも顔を出さない幽霊部員となり、友だち付き合いも悪くなり、けっこう頑張って勉強するようになった。

もうこの頃になると、不良が荒れて授業が崩壊することなんて普通になっていて、でも、彼らに楯突くと面倒くさくなることも重々分かっていたので、虚無的に生きることを自らに強いた。

授業中しばしば、不良のことも受験のことも忘れるように、ぼーっと教室の窓から外を見つめる。何の変哲もない普通の道だ。パン屋と駄菓子屋と乾物屋が一緒になったような小さな店があって、その前をたまにおばちゃんが行き交う。

ぼーっとしていても時は確実に流れる。志望校も固まった秋のとある日曜日、ＦＭ大阪を家で聞いていたら、ある曲が流れてきた。

――♪さよなら　バック・ミラーの中に　あの頃の君を探して走る

標準語と関西弁と、時折英語が交じえて話す女性ＤＪが言う。

「はい。これは先週発売された浜田省吾のニューアルバム『愛の世代の前に』から、『ラストショー』という曲でした。ええねぇ」

――♪さよなら　バック・ミラーの中に

歌詞では「あの頃の君を探して」いるのだが、目を閉じた僕がバック・ミラーの中に見たのは、中学生活のあれこれだ。

暗くて、湿っていて、チャコールグレイの紗がかかったようなあれこれが、バック・ミラーの中でどんどん小さくなって通り過ぎていく。さよなら、さよなら。そして――ざまあみろ。

翌日、模擬試験の後、貸しレコード屋に向かった。浜田省吾のコーナーがあった。『愛の世代の前に』の前に目に入ったのは『君が人生の時…』だった。

『愛の世代の前に』って意味がよう分からんけど、『君が人生の時…』もよう分からんな。どんな時やねん……と独り言をつぶやきながら、『君が人生の時…』を手に取ると、あの『風を感じて』が入っているではないか。あの「自由に生きてく方法なんて１００通りだってあるさ」の――。

息を潜めた3年間を終えて、僕は今、自由に生きていく方法を手に入れ始めたのかもしれない。

そして、『愛の世代の前に』と『君が人生の時…』という、なんだか意味がよく分からないタイトルの2枚のLPを借りて、家のシステムコンポのターンテーブルに載せて、カセットデッキに入れたクロームテープにダビングした。

2枚ともよく聴いた。特に『愛の世代の前に』は聴きまくった。『ラストショー』もよかったが、A面の『独立記念日』という曲の歌詞の中に「僕」を見つけたからだ。


――♪教室じゃ俺いつも窓の外を見てるだけ　いかれたクラスの奴等の話など上の空

ただ、この「僕」は、僕よりもっと深いことも考えている。

――♪俺によく似た少年兵　ライフルを肩に砂漠を汗まみれ歩いてく

この冬は僕にとって、受験勉強と浜田省吾の冬となった。

7

塾に通い続けた成果もあったのだろう、1982年の春、僕は志望校である府立高校に合格した。学区の中では上から3番目という感じで、有名校という感じではないが、それなりの受験校というポジションだ。

お礼方々、學長の下を訪れることにした。授業のない水曜日、何度も通った美容院の入り口をくぐって階段を駆け上がり、教室に座る。

「合格おめでとう。よう頑張ったな」

いつもより陽気な學長が声をかけてきた。そう言えば、この3年間、ずっと座り続けたこの位置、この座布団に座ることは、もうなくなってしまうのか。

「まぁまぁええ高校に入ったけど、くれぐれも、ええ会社に入るために、ええ大学に入ろうとか、しょうもないこと考えるなよ」

「しょうもないこと？」

「ええ会社に入ろうなんて、考えるな、ちゅうことや」

學長は、いつも話が早い。こちらが言葉を噛み締めている間に、次の話題に進んでいる。今夜は授業ではないので、教室に僕しかいない。教室の上にある屋根裏から、僕のよく知らないジャズが流れている。この教室に音楽が流れているのは初めての経験だ。

「ソニー・ロリンズ。知ってるか？　知らんやろなぁ」

僕は、歌謡曲やニューミュージックばかり聴く中学生だった。中2あたりから、やっとビートルズに目覚めたものの、ストーンズもツェッペリンもよく知らない。ましてやジャズなんかちんぷんかんぷんだ。

「俺は、頑張って勉強して、京大入ったけど、ええ会社に入るためなんかに、勉強したんとちゃうからな」

「學長は、ほな、なんで京大に入ったんですか？」

「俺はな、自由になるために勉強したんや」

母親が以前話していたことを思い出した――「自由って――あんなもんやない、と私は思うで」。

「英語に使われず、英語を使いこなす。数字に使われず、数字を使いこなす。英語も数字も俺の武器。俺が自由になるための武器や」

ソニー・ロリンズとやらのテナーサックスが畳の部屋を包むようにして唸りを上げる。それに合わせて、沢田研二が『カサブランカ・ダンディ』で持っていたような平たいガラス瓶から、液体を口に含む。學長は、珍しく酒を飲んでいるようだ。

「でも京大入ったら愕然としたわ。不自由な奴ばっかり。あんだけ一緒にいろんなことやったのに、入ったころの意志を忘れて、みんなスーツ着て、ネクタイ締めて、髪の毛を七三に分けて、就職しよった」

酔いのせいか、學長は感情が昂ぶっているようだった。そして、この「いろんなこと」のあたりから、いつもの勝ち気なトーンが弱まり、どこか哀しげな表情になったのを、僕は見逃さなかった。これまで學長が僕らの前で見せることのなかった、彼の人生を決定づけた哀しみ——。

「腹立ったから、俺は就職せんと、自分の知識を武器に、塾を開いて食うことにした。勉強で知識があったから、自由に生きられたんや」

だけど自由という言葉とは裏腹に、學長の瞳はいよいよ哀しげになる。僕の母親と商店街のど真ん中で話していたときもおそらく、今みたいな表情をしていたのだろう。

「かっこいいやないですか」

學長の悲しげな表情を打ち消すように僕は返した。學長は少しだけ首を横に振り、続ける。

「あとな、みんな長髪をバッサリ落としよるから、じゃあ俺は、と、もっとバッサリ、ツルッパゲにして、坊主になったたった。ええやろぉ！」

もう会うことがないかもしれない僕に、何か大切なことを言おうとしている気がする。だとしたら、その大切なことを、直接聞いてやろう。これが最終講義なのだから。

「學長、自由って……自由ってなんですか？」

ちょっと押し黙った學長は、言葉を思い出すように選ぶように、こうつぶやいた。

「自由はな、自由とはな……必然への洞察や」

のちに僕は大学生になって、この言葉がある有名な哲学者が遺したものだと知るのだが、そのときはまったく知るわけもない。

「分かるかぁ？　分からんやろなぁ。ヒツゼンヘノドウサツ？」

「聴きません。最近聴いてるんは、浜田省吾です」

「ハマダショウゴ？　知らんなぁ。ワッハッハ。ところでお前、ジャズなんて聴くか？」

これが、僕が學長から聞いた最後の言葉になった。

最後の最後、學長は笑っていた。

8

89年の夏、バブル真っ盛りの東京で大学4年生になった僕は就職活動を始めている。人並みに、スーツを着て、ネクタイ締めて、髪型はさすがに七三にはしなかったものの、両脇を刈り上げて、その上に頭頂からの髪をふわっと乗せる髪型にした。

分数の割り算の解法はずっと忘れなかったのに、學長の最後の言葉は、忘れがちだった。いや、忘れよう忘れようとしていた。それでも何度も、心に蘇ってくる。

「ええ会社に入ろうなんて、考えるな」

就職以外の生き方など、当時の僕には想像が付かなかった。だから、ゼミの連中と一緒に雁首揃えて、リクルートスーツを着込み、慣れないネクタイを締めて、会社説明会や面接にいそいそと通う。

この年の夏は冷夏と言われたが、就職活動で僕が都内をウロウロする日は、なぜかいつも、うだるように暑かった。面接の練習をしようとすると時折、學長の言葉が思い出され、どこか悶々としながら、丸の内のあたりを彷徨った。就職活動用に新調した黒いカバンにしのばせたディスクマンから、あの曲が聴こえてきた。


——♪自由に生きてく方法なんて100通りだってあるさ

そのときである。僕は、自分の悶々とした気持ちがすーっと浄化される感じがしたのだ。会社員という生き方。それは、もしかしたら學長が言うように、不自由なものかもしれない。でも、もし会社員が不自由なのだとしたら、僕には別の自由の生き方が残っているんだ。それも100通りも。そして僕は、その100通りを、後々のためにとっておくという決断をしたのだ。なんと豊かな。なんたる余裕。

そう考えると、気持ちがまるで浄化されたように、落ち着いていく。そして就職活動に向けて、やっと腹を括れたのだ。

いつか、会社員を辞める日が来るかもしれない。そのとき僕は、100通りの中から、人任せ・運任せの偶然に委ねるのではなく、自分にとって、自由になれるいちばん必然的な生き方をひとつ、選択することだろう。

「あっ、必然……これが必然への洞察ということか！」

東京丸の内、ビジネスの中心地の舗道から真っ青な空に目を向けながら、僕は慣れないネクタイを急いで緩めた。

残された自由な生き方は「100／100」、いつかその中から選ぶであろう、必然的な生き方は「1／100」。こんなシンプルな分数は、解法も簡単なはずだ。

解答欄に僕はこう書くだろう――「It's so easy. easy to be free」。

第八章

久保田早紀

『異邦人　シルクロードのテーマ』

作詞・作曲／久保田早紀　編曲／萩田光雄

1979年10月1日

1

中1の2学期も終わりに近づいてくると、すなわち1979年が終わりに近づいてくると、東からの風が吹いてきた。

東大阪の東——生駒山から、奈良の方から、といった具体的な話ではない。西洋ではなく東洋からの流行の風という意味だ。

まずは小学校時代に流行ったゴダイゴの『ガンダーラ』。中1になったら、サビにあった英語を、買ってもらったばかりのクラウン英和辞典を使って訳そうとした。それでも中1には手に負えず、英語の授業の後で、先生に聞いた。

「なになに、'They say it was in India～ つまりガンダーラはインドにあるって、みんな言うとるわ、ちゅうことやな」

インディアは、インドのことなのなのか。

それまでの僕はなんとなく、アメリカやイギリスが、音楽でもファッションでも最先端だと思っていたのだが、やはり買ってもらったばかりの地球儀を眺めながら、インドというのもなんか不思議な響きで、面白そうだなと感じ始めていたところだった。なんといっても、あの「ガンダーラ」があるのだから。

しかし中1の僕にとって、少々息切れしつつあったゴダイゴよりも刺激的だったのは、イエロー・マジック・オーケストラ（YMO）だ。

中国の人民服を着て、『東風』とか『中国女』とか、中国っぽい、東洋っぽい感じが奇妙でありながら、とても新しく、人気が爆発しかけていた。

そして極めつけは、10月に発売された久保田早紀という見目麗しい歌手の歌う『異邦人』だ。

ただ、こちらは中国というよりも「シルクロード」という感じがした。といっても、それは、この曲が流れるCMに「シルクロードのテーマ」とテロップで紹介されていたからなのだが。また、その「シルクロード」にしてみても、東大阪の中1には、果たして、どこの国にあるどんな道なのか、まるで分からないのだけれど。

とにかくゴダイゴ、YMO、そして久保田早紀、この不思議な空気を漂わせる3組が連携することで、東大阪にも吹き込んできた東洋からの風を、僕はキャッチしたのだ。

そして、トン吉・チン平・カン太みたいに、「西海岸のアメリカ人になりたい！」と、心の底から本気で思っているような連中が、少しずつかっこ悪く見えてきたのだ。

「東洋＝かっこいい・西洋＝かっこ悪い」。そう思い始めた僕は、彼らより少し大人になったのではないだろうか。

しかし、である。東洋がかっこよくなりつつあるのに、日本にいちばん近い、東洋のあの隣国については、まるでかっこいいと思えなかった。むしろ、絶対に共感できない「敵」の国とすら思っていた。

なぜか。理由などなかった。ただ訳も分からず、友だちも、さらには周りの大人も、そう思っていたはずだから。

――近くて遠い国。遠くて近い国。当時の僕ら、いや、僕らの町に住む大人たちさえも、その国、その国の人、その国の言葉を、とても雑把にまとめて、こう言っていた――「トンテン」。

それは侮蔑的な言葉だったか。いや、その言葉には、侮蔑しか込められていなかった。

2

79年の秋、母親が突然、韓国語を習い始めた。

動機はよく分からなかったのだが、息子ふたりも大きくなり、少しずつ手離れしてきたので、好きなことをやりたくなったのだという。好きなことの筆頭として、韓国語の勉強が浮かんだのだとしたら、それは母親が勤める中学校の関係だろう。

母親が社会科の教師をしていた大阪市生野区といえば、大阪の中でも在日コリアンが多い地域として知られていた。

のちの21世紀に、在日コリアンに対する激烈なヘイトスピーチが問題になるのだが、昭和の日本、昭和の大阪には、のちの時代よりもさらに差別意識が強く根づいていたはずだ。

クラスの中で、日本人とコリアンの生徒がぶつかり合うときもあっただろう。また当時広がりつつあった校内暴力などにも、差別されたコリアンの生徒が、拍車をかけたに違いない。

母親のことだ。そんな状況を目の前にして、「よっしゃ韓国語を話せるようになったろ」と思ったに違いない。生徒をもっと理解したいという気持ちに持ち前の好奇心も加勢して、韓国語に興味を持ったという経緯だったはずだ。

ただ、「日本人向けの韓国語教室」というものが、当時はまだまだ珍しかった。そのあたり、韓流ブームやKポップに湧く、21世紀の日本とは根本的に異なる。

事実、母の母である祖母は母にこう言っていた――「あんた、なんで、好き好んで、チョーセンゴなんて気持ち悪いもん、勉強してんねん」。

母親は怒りを隠さなかった。

「お母ちゃん、もうそういう時代ちゃうねんで。私が好きでやってんねんから放っといてえな！」

「事件」が起きたのは、11月に入ったあたりだったか。その韓国語教室の様子が、NHKの夕方のローカルニュースで取り上げられたのだ。

生野区鶴橋の教室で、コリアンの先生の下、教室の後ろの方に座って、緊張した面持ちで韓国語の挨拶を復唱している母親。あろうことか、最後は母親のアップで締められた。

さすがのNHK、僕の周囲にもニュースを見た者が何人かいてその後、学校で、何度となく声をかけられた。

「お前んとこのオカン、テレビ出とったなぁ」

同じ小学校出身の同級生は、その小学校の規模が小さかったこともあり、母親の顔を知っている者が多い。初めは軽く受け流していた。むしろ、母親がテレビに出たことが僕は、ちょっと誇らしかったりもした。

　しかし状況が変わるのは、それから数日後のことだ。昼休みが終わる頃、同じ小学校出身で同じクラスのモリモトが、廊下で僕を呼び寄せて、ヒソヒソ声で、こう言ったのだ。

「オカンが韓国語を勉強してるってことは、あいつの家、トンテンとちゃうかって、言われてんぞ」

「トンテン」――僕は正直、そうとう動揺した。

当時、僕らの中学の内輪言葉では、コリアンのことを指していた。語源は分からなかったが、僕が住んでいた町「東大阪」の韓国語読み＝「トンデバン」が訛った「トンテンパン」、それを略して「トンテン」になったと、誰かから教えられた。

トンテン。アクセントが「テン」にあることにも、侮蔑的なニュアンスが十分に詰まっている。ついでに言えば、「在日コリアン」という、のちによく耳にする言い回しも、当時の東大阪近辺では、まったく浸透していない。

「チョーセンジン」「チョンコ」「ザイニチ」――正直に言えば、こちらも侮蔑的なニュアンスがこもった表現だ。もしくは、話し手がそんなニュアンスを込めなくとも、聞き手はそんなニュアンス込みで受け止めた。ただ、それらの言い回しを、まだ子供だった僕たちは、さすがにちょっと重く感じていた。なので、響き的に軽い（と思い込んでいた）トンテンを多用していたのだ。

「そんなん、うち日本人やで。ほら名字も平凡やし、親は両方とも公立の学校の教師やし」

僕は慌ててその噂を消し去ろうとした。果たして教師に国籍が関係あるのかないのか、僕には分からなかった。ただとにかく、何かの理屈を返しておかなければ、本当にトンテンだと思われるではないか。そして韓国語教室に通うことを決めた母親が急に腹立たしくなった。トンテンと思われたくない。トンテンなんかに思われたくないよ——。大声で叫びたかった。中1の秋。そんなやりとりをしながら僕は、「差別」というものの複雑な味わいを、少しずつ覚えていった。

3

隣のクラスにヒーローがいた。

まさにヒーローのようなその男子の名前はキノシタ。身長は中1にして、もう175センチを超えていて、スポーツ万能。中1ながらバスケットボール部のレギュラーとなっていて、その上勉強も出来る。2学期の中間試験の英語で満点を取ったという。もちろん女子には大モテだ。それでいて真面目で、寡黙で、いつもうつむき気味に歩くのだが、そんなクールな雰囲気も、彼の人気にさらに拍車をかけた。だから彼の後ろを女子が付いて回る。

彼がまぎれもないヒーローになったきっかけは、6月に行われた球技大会におけるソフトボールの試合だった。彼が打った打球は、校庭の空中をぐんぐんと伸びて、ついに壁を超えた。我が中学校、球技大会史上初のホームランに全校が喝采した。

右投左打というのも目を引いた。当時の東大阪において、それはとても珍しかった。ホームランを打って、キノシタがダイアモンドを一周するとき、思わず観客から「掛布コール」が起きたほどだ。しかしヒーローにはやっかみが付き物だ。そしてキノシタへのやっかみには、不気味な何かがまとわり付いた。じっと目を凝らしてみると、不気味な何かには「差別」と書かれている。

「あいつ、トンテンらしいで」

僕のときと違って、今回の噂は、いかにもリアルそうな情報つきで広がった。例えば、住んでいるところがトンテンの多いところだ、兄貴が朝鮮学校に行っているらしい、母親がチョゴリを着て歩いていた——などなど。

「朝鮮学校」という響きは強烈だった。どこにあって、どんな生徒が通っているのか、僕も周囲も、誰も知らなかったのだが、それでも「悪の巣窟」のように語られていた。チェーンやナイフを持って、日本人に対して絡んでくる極悪集団のイメージ。繰り返すが、どこにあって、どんな生徒が通っているのか、誰も知らないというのに。

「キノシタはトンテン」——この噂に乗るべきか、降りるべきか。この噂を広げるべきか、止めるべきか。

僕は、噂に乗った。

そして噂を広げた。「キノシタはトンテンらしいで」と触れ回った。なぜなら、噂に乗って広げることが、僕がトンテンだという噂話を打ち消すことにつながると思ったからだ。

中1の僕が学んだ、差別の広がる構造。差別する人間の一定数は、差別したくて差別するのではなく、差別されたくないから差別をするのだということを体感した。

そうして、中1の僕は差別する側に飛び込んだ。

「やっぱほんまかー。みんなも言うてたわ」

噂を話した相手から、こんな言葉が返ってくるたびに、少しずつキノシタを追い詰めている。そんな単純な事実に、僕は気がついていなかった。

そんな折、CMをきっかけにして、久保田早紀『異邦人』という曲が流行った。いや、流行ったどころではない。特大ヒットとなった。

「シルクロードのテーマ」という副題が付いていたのだが、東大阪の中1は、よく分からないシルクロード云々ではなく、日本から、東大阪から見て、地理的にもっともっと手前の文脈で、「異邦人」という漢字三文字を捉えた。

キノシタへのやっかみも加勢したのだろう。彼を見たら、みんな小声でこう歌うのだ。

「♪ちょっと振り向いて見ただけの異邦人」

もちろん僕も、自分がトンテンと思われないよう、積極的に口ずさんだ。

しかし、そんなことを続けているうちに、僕の心の中の良心のようなものが、モヤモヤとうずき始めた。ちゃんと整理は付いていないのだが、何か、とても後ろめたいことをしている気がしてきたのだ。

自分がトンテンだと思われるのは嫌だ。そして、彼は本当にトンテンかもしれない。でも、そんなことを陰でコソコソいうのは卑怯なんじゃないか。

そもそも、トンテンだったら何が悪いというのか――。この悩みについて、僕にはなんの知識もなく、右も左も分からない。だから、どう判断していいかも分からない。しょうがないから、母親に聞いてみた。韓国語を勉強し始めた母親なら、僕の悩みを解決するようなことを、何か話してくれるかもしれない。


「お母さん、トンテンって――トンテンってなんや？」

社会の教師だった母親には、息子の、この大ざっぱな質問に対して、言いたいことは山ほどあっただろう。でも、僕のおぼつかない表情を見て、歴史の話、差別の話をするには、まだまだ早い、重過ぎると踏んだはずだ。

だからか、具体的なことを何も語らず、ただ一言だけ、こう言った。

「ええか。区別はええねん。差別はあかんねん」

そのとき思い出したのは、小学校低学年の頃のことだ。ある春の日のこと、僕は友だちと公園のブランコで遊んでいた。すると、奥の方で花見をしている老人たちがいた。ラジカセで、何か奇妙な音楽をかけて、お酒を飲みながら楽しげに盛り上がっている。踊っている人もいる。服装も何か、普通じゃないようだ。

興味本位で僕らは近づいていった。すると老人のひとりが手招きをしている。手招きに乗って、さらに近づく。

「おっちゃんら、楽しい？」

僕は訊ねた。するとニコニコした表情で手招きをした老人が返事をしたのだが、その言葉が分からない。盛り上がっている周囲の人がその老人に何か言っているのだが、その言葉も分からない。すると、輪の中で、いちばん若そうな男性が、日本語でこう返してきた。

「おっちゃんらな、日本人ちゃうねん。朝鮮人やねん」

チョーセンジン――小学校低学年の僕には、知識もイメージもなかった。そもそも朝鮮という国を知らなかった。しかし、次にその男性が言ったふたつの「でも」が、なぜか心に刺さったのだ。

「でも――日本に住んでんねん」

「でも――楽しいねん」

この「でも」は、果たしてなんなんだろう。「でも」ということは、つまり「チョーセンジンは日本に住んではいけない」「チョーセンジンは日本で楽しく暮らしちゃいけない」ということなのだろうか。

そして今、この「でも」が、母親の言う「区別はええねん。差別はあかんねん」とつながったのだ。そして、つながって生まれた何かが、重く僕の心にのしかかってきた。

「♪ちょっと振り向いて見ただけの異邦人」と歌った僕は、何か大きな間違いを犯したのではないだろうか。

4

カッシャーン！

2学期の終業式を目の前にした12月の冬の日。東大阪の町には珍しく、午後から雪が降り始めていた。学校の廊下を歩いていると、背後で誰かのカセットテープが廊下に落ちる音がした。プラスチック製のカセットケース特有の乾いた高い音だ。ケースは割れて、テープ本体が廊下に転がった。僕は駆け寄りそれを拾って、本体をケースに入れた。すると落とし主が僕の前に立った。目の前で立ち止まった長い脚を見上げた。キノシタだ。

「ありがとう」

高い身長から、僕を見下ろすように、でも朴訥な感じでお礼を述べてくれた。キノシタと目が合った途端、少し鼓動が激しくなるのを隠すようにして、僕は聞いた。

「キャロル、好きなんや?」

カセットテープのインデックスには「燃え尽きる=ラスト・ライヴ」と、丁寧な字で書いてあった。1975年の4月13日、東京の日比谷野外音楽堂で行われた伝説の解散コンサートの音源だった。ちなみに「燃え尽きる」というタイトルは、舞台に設えられたセットが、コンサートの最後に実際に燃えてしまったことから来ている。

そして、カセットのインデックスの前面もキャロルの写真だった。当時、いくつか出版されていたFM雑誌には、人気の歌手やバンドの写真を使ったインデックスカードが、付録としてよくはさみこまれていた。キノシタが使っていたのは、そのひとつだったに違いない。

「キャロル、知ってるんか?」

キノシタが白い歯を見せる。

「もちろん。矢沢永吉がおったバンドやろ?」

僕は、中1のわりには、キャロルのことをよく知っていた方だと思う。彼らが解散したとき、僕らはまだ小4だったから、正直、矢沢永吉の曲も、大ヒットした『時間よ止まれ』くらいしか知らなかったにもかかわらず、である。なぜなら、読んでいたからだ――『成りあがり』を。大ヒットした矢沢永吉の、あのインタビュー本を。

小6のとき、本屋でふと見かけた文庫版『成りあがり』をなんとなく買って、読むごとにどんどんハマって、貪るように読んだ。その後の人生で、ページをめくる手が止まらないという幸福な読書体験を何度となく繰り返したが、『成りあがり』は、僕にとってその最初の体験だった。それほど強烈だった。鮮烈だった。

キャロルが解散した後の矢沢永吉はさらに人気が高まっていき、同じ中学の、不良っぽい上級生のアイドル的存在だった。ペチャンコのカバンには「E.YAZAWA」と書かれたステッカーが貼られていた。東京からも横浜からも、そして広島からも遠く離れた、この東大阪の中学校でも「ヨロシク」という言い回しが流行った。

対して、僕は不良ではなかった。我ながら不良になる気配もまるでなかった。しかし、『成りあがり』は読んだ。読み切った。何度も何度も読み切った。

ごくたまに、周囲に誰もいないとき、『成りあがり』の中のいちばん好きな矢沢永吉の言葉をつぶやいた――「お前らとは夢が違うんだ」。


その『成りあがり』のクライマックスは、キャロルのパートだ。横浜の不良バンドが、女遊びと喧嘩と、そしてロックンロールを繰り返しながら、全国区へとのし上がっていくくだりが、最高に面白い。だから僕は、キャロルを重々知っていたのだ。

「せやねん。矢沢永吉がおったバンド。でもギターのジョニー大倉がかっこええねん」

僕よりも大きな手でカセットテープを握りしめながら、キノシタはそう答えた。

ジョニー大倉は、『成りあがり』の準主役と言っていい。しかし、主役の矢沢永吉の目からは、やや優柔不断かつ、神経質なキャラクターとして語られている。なので、僕の採点は高くなかった。

「へぇ、ジョニー大倉なんや。永ちゃんじゃなくって」

「永ちゃん」という言葉を口に出して、思わず僕は軽く緊張した。なぜならそれは、不良上級生と同じ言い回しだからだ、こんなところを彼らに見られたら、「お前、中1のくせになれなれしいんやぁ！」とドヤされるかもしれない。

「そう。ジョニーの方が、声はええし、顔もええし、なんちゅうても、生き方もかっこええねん」

意外だった。あの優柔不断で神経質で、挙句の果て、一時期バンドから失踪してしまうジョニー大倉の生き方がかっこいいだなんて。

「ほなな」

キノシタは、廊下を反対側に歩いていった。その後を、追っかけのような女子が何人かで付いていく。かっこいい男子に対する女子の興味は、トンテン云々という噂なんて簡単に超えるということか、キノシタの人気は衰えない。その追っかけ女子たちは、寒いからかみんな、スカートの中にジャージを履いている。

廊下から急に人気《ひとけ》がなくなった。その瞬間、冷たい空気がピーンと張り詰めた。

ジョニーの生き方って、どんなんやろ。僕は、そう心の中でつぶやいていて、その日から、「♪ちょっと振り向いて見ただけの異邦人」と口ずさむことを忘れた。

5

「あっ」

そういえば思い出した。この前ひとりで行った商店街のはずれの耳鼻科の待合室で読んだ週刊誌の記事のことを。その耳鼻科には、中学生が普段手に取ることがないような、『●●実話』『●●芸能』といったタイトルの、胸の大きく開いた服を着た女優のグラビアが表紙の週刊誌が多く取り揃えられていた。僕は名前が呼ばれるまでのあいだ、人の目を盗むようにしてその雑誌をめくった。

タモリが片目にアイパッチをしている理由を、僕はこの待合室で知った。

先日読んだその中の1冊に、「ジョニー大倉は在日朝鮮人」と書き立てる記事が載っていたのだ。今や大スターとなった矢沢永吉が、キャロル解散を決断したのは、情緒不安定気味だったジョニー大倉との確執が大きな原因で、突如失踪するなど、ジョニーによる奇行の背景には、自身が在日コリアンであることが強く影響したと書かれていた。

「ほんまなんかなぁ?」——僕は子供心に、一部の週刊誌には嘘の記事が載っていることを知っていた。だから、ジョニー大倉が在日コリアンだということを、この段階では信じ切っていなかった。でも——もしそうだとしたら。キノシタがジョニー大倉を、それも、彼の生き方そのものがかっこいいと思っている理由がそこだとしたら——そんな考えも浮かんだ。

年が明けた。１９８０年になった。

「80年代がやってきた！」という感慨など、特になかった。

同じクラスに、ニシモトという不思議な友だちがいた。ニシモト自体は、おっとりとした、あまり冴えない男子なのだが、中３の兄貴がかなりの不良で、僕らの中学校の番長的存在だった。

３学期の始業式の前日、僕はニシモトの家に遊びに行った。不良の兄貴は彼女とのデートとやらで出払っていることは確認済みだった。それにしてもニシモトの兄貴、目の前に迫った高校受験はどうするのだろう。

ニシモトとふたりでぼーっとテレビを見ていた。正月ムードのテレビ番組にも飽きて、「人生ゲーム」をした。やがてそれにも飽きて、ニシモト家の居間の中をぐるっと見回すと、小さな折りたたみテーブルの上に、１冊の本が目に入った。

――『暴力青春』

物騒なタイトルが付けられたその本は、キャロル解散に際しての、メンバーへのインタビュー本だった。キノシタの件もあり、また『成りあがり』に感化されていた僕は、何気なく手に取った。矢沢永吉、ジョニー大倉、内海利勝、岡崎ユウの順で構成されていた。矢沢永吉のパートを一気に飛ばして、ジョニーのページに進んだ。

目に飛び込んできたのは、鮮烈な文章だった。タイトルはまんま――「朝鮮人」。

――生まれたときから、ボクは二つの名前を持っていた。朴雲煥《パクウナン》と大倉洋一という名だ。ボクは故郷の土を踏んだことのない在日朝鮮人だ。

さらには、ジョニー大倉自身による詩のようなものも寄せられていた。

——朝鮮人　朝鮮人　お前は朝鮮人
でも　日本語ばかり話している
日本人　日本人　お前は日本人
でも　アリランばかり歌っている

ジョニー大倉は、何も隠してはいない、正々堂々と表明している在日コリアンだったのだ。もちろん『暴力青春』には、ジョニー大倉が在日コリアンとして苦しんだ日々も書き綴られていた。しかしだからといって彼は、引け目など感じず、自らの出自と、真っ正面から向き合おうとしていた。このことだったのだ。あの日、キノシタの言っていた「ジョニー大倉の生き方」とは。

——雲は動き、ボクの生命は
カミナリとともに、変容していく。
出発だ——朴雲煥の、雲を煥える
人間としての　出発なのだ。

『暴力青春』で宣言されたジョニー大倉の生き方は明快だった。そして僕の心の中で、母親が言った言葉がまた去来《きょらい》する。「区別はええねん。差別はあかんねん」。

——日本人　日本人　お前は日本人
でも　周りは日本人だけじゃない

そして僕は、ジョニー大倉の詩になぞらえて心の中でこんなフレーズを繰り返した。

キノシタと僕との小さな物語は、このまま終わるかに見えた。そして時は一気に過ぎ去り、気が付いたら、久保田早紀の『異邦人』という曲は、記憶から完全に消し去られ、あっという間に中学生活が終わろうとしていた。

その小さな物語が、突然、音を立てて急回転したのは、僕と彼との出発の日、そう——中学の卒業式だった。

6

82年の春、卒業式の日。府立高校に進学することが決まっていた僕は、キノシタがトンテンかどうかなんて、もはやどうでも良くなっていた。もっと言えば、棘のように刺さっていたキノシタへの罪悪感も薄れていた。

そして、日本と韓国の歴史について多少勉強をしたこともあり、まだ何も分かっていなかった中1の頃のように、無邪気にトンテン話をすることもなくなった。あと、そもそもトンテンという言い方自体が、もう流行らなくなっていたのだ。

卒業式のハイライトは、もちろん卒業証書の授与だ。担任が一人ひとりの名前を呼び、呼ばれた生徒が一人ずつ体育館の舞台に上がり、校長先生から卒業証書をもらう。

いよいよ僕らのクラスの番が回ってきた。僕とキノシタは同じクラスだった。アイウエオ順でクラスメイトが呼ばれていく。名字がカ行で始まるキノシタは、サ行の僕よりも先に呼ばれる。だから彼は、僕より数人分だけ前の方に座っている。

彼の番が来た。担任が彼の名字を呼ぶはずだった。しかし、体育館に響いた音は、「キノシタ」ではなかった。

――「パク（朴）スヨン！」

会場は一瞬静まりかえり、そこから生徒たちはお互いに隣の席の顔を見合わせてざわめきが起こった。そして、父兄が座る後ろの席から、パラパラと拍手が起こった。まばらな拍手は少しずつ広がり、ザワザワしていた卒業生・在校生にも広がった。そして最後は、会場全体が拍手に包まれた。

僕は少し椅子から立ち上がり、後ろの父兄席を見た。僕の母親が、拍手し続けていた。その真横には、鮮やかなチョゴリを着た女性がいた。涙を拭いていた。キノシタのお母さんなのだろう。

僕は、母親と目が合った。母親は軽くうなずいた。

「区別はええねん。差別はあかんねん」

――これから「パク」と名乗り続ける決断、在日コリアンとして生きていく決断をした彼を、僕たちは、はっきりと「区別」しながら、それでいて「差別」ではなく、心から尊重し称賛した、と思う。キノシタはこれから、憧れのジョニー大倉の韓国名＝朴雲煥と同じ姓で生きていくのだ。

思わぬ拍手に驚いたのか、少しだけ恥ずかしそうにキノシタは、体育館の舞台へと歩き出した。そして、クラスメイトの僕らの方に、ちょっとだけ振り向いた。

ちょっと振り向いてみたのは、異邦人ではなく、キノシタだった。

まだまだ子供のような僕らに先駆けて、一歩先に大きな決断をした一個の人間としての彼だった。

第九章

渡辺真知子
『唇よ、熱く君を語れ』

作詞／東海林良　作曲／渡辺真知子　編曲／船山基紀

1980年1月21日

1

中2の秋は、1980年の秋。いよいよ本格化した校内暴力に息を潜めながら、家ではイエロー・マジック・オーケストラ（YMO）やプラスチックスなどのテクノポップを狂ったように聴き、そしてテレビでは漫才ブームの動向を追い続ける騒がしい秋。

僕の住む東大阪にも秋が来た。蒸し暑かった夏が終わり、秋がやってきた。夏の間は、大気汚染を突き抜けるように高く広がっていた空が、少しずつ低く下がってきて、騒がしい秋を過ごす僕を包み込む。

木曜日の夕方、技術の授業が終わった後、ラワン材で作りかけた、どこかぶさいくな出来の本棚を片手に持ったホソダが声をかけてきた。ホソダは小学校時代の友だちで、けっこう仲がよかったのだが、中学に入って、クラスが遠くなり、疎遠になっていた。

「うちの姉ちゃんが高校の文化祭の演劇で主演すんねん、一緒に観に行けへんか?」

久しぶりにホソダが声をかけてきた理由は、彼の姉と僕に面識があったからだ。何度か彼の家に遊びに行ったときに、会話をしたことがある。

「じゃじゃ馬」――という形容がぴったりだった。とにかく明るくて、話し好きで、暴れん坊。弟、つまりホソダをこき使い、たまには手を出していた。ちょっと前に話題となったドラマ『3年B組金八先生』で言えば、三原順子《みはらじゅんこ》と小林聡美《こばやしさとみ》の役回りを足して2で割った感じとでも言おうか。しかし、それでも憎めない不思議な魅力のある人だった。

しばらく会ってはいなかったが高校生になった彼女はさらにエネルギッシュに活躍しているようで、演劇だけではなく、文化祭の実行委員長的な立場で頑張っているらしい。だからなおさら、僕たちに観に来てほしいのだろう。

ホソダの姉ちゃんが通うのは、東大阪と奈良を隔てる生駒山のふもとにある公立高校だ。歴史のある学校で、昔は男子校だったらしく質実剛健な校風で知られ、運動部の活動も盛んだった。その中をちょっと覗いてみたいという気持ちにもなった。

高校って、どんなところなんだろう？　どれくらい自由なところなんだろう？　校内暴力の嵐が日に日に強まっていて、嵐を耐え忍ぶような日々を過ごしている僕の生活は、高校生になったら、ちょっとは解放されるのだろうか。

「じゃじゃ馬姉ちゃんの誘いを断ったら、後で何されるか分からんもんな。ええよ、一緒に行こか」

僕は、ちょっとふざけた言い方で快諾した。

2

近鉄中河内駅の駅前、くたびれた商店街の中にぽつんとあるのが喫茶店「マロニエ」だ。

文化祭の一週間前、なぜかホソダと僕は、彼の姉ちゃんと一緒に、このマロニエで会うこととなった。理由はよく分からない。とにかく、姉ちゃんがコーヒーを奢ってくれるのだという。文化祭を観に行くお礼のつもりだろうか。

僕とホソダは、小雨が降る駅前で落ち合って、駅前商店街のアーケードをくぐって傘を閉じ、緊張した足取りで、マロニエに向かった。僕にとって、大人抜きの友だち同士だけで喫茶店に入るのは、実はこれが初めてのことだった。ホソダもそうだったのかもしれない。

重いドアを開けるとカランコロンとドアベルが鳴った。入口の右脇には、映画『イージー・ライダー』のポスターが額に飾ってあり、ピーター・フォンダとデニス・ホッパーが、あの奇妙な形のバイクに乗っている。もちろん、そんな俳優の名前を、当時の僕らは知らない。それどころか、映画すら観ていないのだが。

「お、イージー・ライダーやな」

ホソダが大人びた声で言った。しかし、そのホソダも映画を観ているはずなどない。奇妙な形のバイクを真似た、跳ね上がるようなハンドルを装備した自転車のことを当時の東大阪では「イージー・ライダー」と呼んでいたのだ。

80年のイージー・ライダー。ピーター・フォンダも、デニス・ホッパーも、そもそも映画も、60年代のアメリカにおける激烈な差別の実態もまるで知らない、東大阪の少年たちにとってのイージー・ライダーは、自転車だ。

「ほんまや、イージー・ライダーやな」

喫茶店の入り口で「イージー・ライダー」という言葉を交わしたホソダと僕。ちょっとだけ大人になった気がした。よく分からないままに、奥のボックス席に座って、僕らふたりは、手書きで書かれたメニューに戸惑い、結局アメリカンを注文した。

ホソダの姉ちゃんはまだ来ていない。マロニエのマスターは温厚な優しい中年男性で、無精ひげを蓄えて、エプロンを着けてコーヒーカップを磨いている。僕は、『少年チャンピオン』で連載されていた、石井いさみの漫画『750（ナナハン）ライダー』に出てくる喫茶店のマスターを思い出した。

レコードプレイヤーから小さい音で流れているのは、さだまさしの『パンプキン・パイとシナモン・ティー』。喫茶店『安眠《あみん》』を舞台としたその曲は、僕の喫茶店デビューに、まさにぴったりだ。シナモンの枝で、好きな人の名前をガラスに3回書けば、願いが叶う――そんなポエムな歌詞を聴いていると、「遅れてごめんやでー！」と異常にけたたましい声を上げて、姉ちゃんが入ってきた。ドアの開閉の勢いで、ドアベルがカラーン！　と大きな音を立てた。

シナモンの枝で好きな人の名前を書いたガラスに、姉ちゃんがパンチを食らわして、ガラガラガッシャーンと粉々に割れたような感じがした。

「マスター、うち、ブルマンな」

メニューも見ずに姉ちゃんはマスターに声をかける。「ブルマン」――正式にはブルーマウンテンというコーヒーのことなんて何も知らなかったが、それでもこの名前が、大人のコーヒー界というものがあるのなら、その頂点に位置することは知っていた。子供が簡単には手を出せないタバコ、いや葉巻と一緒に嗜むようなコーヒー、だと思っていた。だがなんだ、この乱暴な注文の仕方は。

「ブルマンな、分かった。オッケー」。マスターが気安く応じる。大人の世界は、僕が想像していたよりも乱暴で雑把だ。僕らもいつか、喫茶店で、緊張しながらアメリカン、ではなく乱暴にブルーマウンテン、いや「ブルマン」とやらを頼む日が来るのだろうか。

姉ちゃんは一口水を飲むと、テーブルに、文化祭のチラシの束を置いた。

手書きのデザインを、ガリ版で刷られたチラシ。そのど真ん中で、大きな文字が踊っている。


――「LOOKING FOR TOMORROW!!」


「ルッキング・フォー・トゥモロー?」。ホソダが尋ねる。

「せや、うちが考えてん。文化祭のスローガン。ええやろ。去年の郷ひろみの曲『いつも心に太陽を』の歌詞からいただいてん」

さすが、文化祭の実行委員長だ。スローガンまで考えるのか。じゃじゃ馬、じゃじゃ馬と、これまで陰であざけってきたホソダの姉ちゃんだが、「ブルマン」と「ルッキング・フォー・トゥモロー」

の効果で、僕は大人の女性を意識した。

「マスター、郷ひろみ『いつも心に太陽を』のシングルあったら、かけてえや」

「そんなんあるかいな。うちは歌謡曲、お断りや」

「そうなんか、ゴダイゴのミッキー吉野が作曲したんやけどな……。まあええわ。ほな、さだまさしやのうて、アリスにしてや」

BGMは、アリスの『夢去りし街角』に変わった。そして谷村新司と堀内孝雄の声に乗せて、姉ちゃんは、いかにも姉ちゃんらしい、乱暴な命令を突きつけてきた。

「でな、あんたらの友だちとかに、このチラシ配ってな、なるべく人集めてほしいねん」

あ、なるほど、そう来たか。単に、文化祭を観に行くことのお礼で、喫茶店でコーヒーを奢ってくれるなんて、話としてうますぎると思ったのだ。「ブルマン」「ルッキング・フォー・トゥモロー」だとしても、じゃじゃ馬はやっぱりじゃじゃ馬だ。

「姉ちゃん、無理やで、そんなに知り合いおれへんし、それにあの高校遠いし……」

ホソダがぼやいた。すると姉ちゃんはテーブルに、わら半紙を閉じた分厚い冊子を、ドン！と音を立てて置いた。

表紙には「第42回文化祭　演劇部公演『青春貴族』」と書いてある。

「うちらの今度の舞台の台本。ほんまの青春ドラマみたいやでぇ。泣けるでぇ。タダで見れるのん、ありがたいと思えへんか？」

台本を目の前に置いただけで、「この舞台をタダで見れるのはありがたい」と力説する強引さ。

僕は目の前に置かれたアメリカンを見つめながら、舞台とコーヒー、いずれにしてもタダほど高いものはないと思った。

「姉ちゃん……無茶やでぇ」

「ええねん、ええねん、集められる範囲でええから」

姉と弟が、乱暴なやりとりをするのを聞きつつ、ミルクも砂糖も入れずに僕はアメリカンをすすった。ブルーマウンテンとやらと味がどう違うのだろうと想像しながら。

「あとな、この演劇、ラストがええから楽しみにしててな」

姉ちゃんが含み笑いをした。やや不敵な笑いだった。何かが起きそうな予感がした。

アリス『夢去りし街角』が終わって、ＢＧＭは洋楽に変わった。もちろん知らない曲だが、美しいコーラスがいい。トン吉・チン平・カン太の家で聴いたような気がする。

3

結局、僕もホソダも、誰も集めることはできなかった。

なんといっても、誘い文句に乏しい。「ホソダの姉ちゃんが、めっちゃええ舞台するねんて」と言っても、「お前、それ観たんか?」と聞かれると、言葉に窮してしまう。

それにホソダが言った通り、姉ちゃんの高校は僕らの中学校の学区から、かなり遠いのだ。近鉄中河内駅から20分ほど電車に乗って、そこからまたバスで10分ほど、と書けば、大人の感覚では遠くはないだろうが、当時の東大阪の中学生としては大冒険である。

結局、僕とホソダはたったふたりで彼の姉ちゃんの高校にとぼとぼと向かった。いい天気、秋晴れの中、校門をくぐる。

「クレープ屋」「手相占い」「相性診断」……手作り感溢れる模擬店を冷やかし、教室で行われている文化部の発表を眺めながら、演劇部の舞台を待った。高校の文化祭はそれなりに楽しかった。いろんなことをわきまえて、大人っぽく楽しんでいる姿がいい。翻って、僕らの中学生活、不良どもが派手な髪型や学ランで、つまらない自己顕示欲をぶつけ合っている姿の、なんと子供っぽいことか。

あと2年、いや1年半の辛抱だ。不良をやり過ごし、受験勉強をちょっとだけがんばれば、こんな、おっとりした世界に辿り着けるんだ。

演劇部の公演は14時からだった。ちょっと前に講堂に入ると、軽音楽部のバンドが、サザンオールスターズ『いなせなロコモーション』を演奏していた。決して上手くはなかったが、観客はけっこう盛り上がっていた。演劇部の公演前にこの盛り上がりは、姉ちゃんにとってありがたいだろうと僕は思った。

サザンオールスターズと言えば、当時の東大阪の若者にとって、おしゃれの象徴だった。桑田佳祐をはじめとするサザンの面々はけっしておしゃれという見てくれではなかったものの、洋楽に聴き間違えるような演奏や、英語に聴き間違えるようなボーカルは、少なくとも僕にとっては、やや背伸びして聴くような音楽だった。

そんな音楽が生で聴けるなんて——高校生活って、いいな。よし、『いなせなロコモーション』のシングルを、帰りに買うことにしよう。

4

いよいよ演劇部の公演だ。生徒、生徒の親御さん、OB・OGなど、客席はけっこう埋まっている。アナウンスが入る——「お待たせしました。演劇部の公演『青春貴族』です」。舞台が暗転する。会場から拍手。静かなBGMが流れ始める。

いきなりホソダの姉ちゃんが登場する。特別な衣装は着ていない。この高校のセーラー服のままで、舞台中央に立ちすくむ。

「私たちにとって、青春って、何?」

内容は、「青春群像もの」という感じで、5人の女子が、高校時代の喜びとか悩みを、ひたすら語り合うという構成。どうやら、ここの演劇部の部員は、全員女子らしい。

別の女子部員が、続いて上手から現れる。

「青春。青春って、かけがえのないもの——」

気持ち悪く感じたのは、全員が取って付けたような標準語を話していることだ。内容がすっと入ってこない。ブラウン管の中で東京から中継されている、僕らとは縁遠い世界で作られた、よそいきのテレビドラマのように感じ、だから東大阪、それも生駒山のふもとでは、観客、その多くを占める同世代の生徒たちに対して、リアリティに欠けるような気がした。

だから、例えば、「だって、私たちって青春貴族だね、なんちゃって!」という、取って付けたような標準語のセリフなどは、さすがに無理があって、講堂の空中を浮き始める。

クスクスとさざめく笑い声が聞こえた。標準語が宙に浮く感じ、大阪弁でいう「サブイボ」が出る感じに耐えきれず、一部の観客が失笑し始めたのだ。

僕が気になったのは、そんなぎこちない標準語で、ホソダの姉ちゃんも話していることだった。あれほど自信満々で、そして不敵な笑みまで浮かべたじゃじゃ馬は、こんな、取って付けたような演劇をしたかったのか。

友だちを誰も連れてこられなくて、かえってよかった、と思った。ひとつも感情移入ができないまま、いよいよエンディングとなったようだ。中村雅俊の『青春貴族』という曲が流れ始める。

直感的に「古い!」と思った。この、数年前の青春ドラマで流れていた曲は、校内暴力にテクノポップ、漫才ブームという80年の風景には、さすがにそぐわないだろう。

姉ちゃん含む5人の女子が肩を組んで、『青春貴族』を歌っている。何もかもが予定調和だった。
——いや、予定調和になるはずだった。馬は大人しく、何の波乱も起こさずに厩舎に帰るはずだった。しかし——そうはならなかった。じゃじゃ馬はじゃじゃ馬だった。厩舎を蹴り飛ばして、騎手をふるい落として、そして中村雅俊をもぶっ飛ばして、こちらに向かってきた！

5

中村雅俊『青春貴族』が突然プツッと切れて、渡辺真知子『唇よ、熱く君を語れ』が流れ出した。照明は再度暗転し、次に舞台の上の5人だけにスポットライトが当たった。
『唇よ、熱く君を語れ』の調子のいいイントロは、舞台の雰囲気をガラッと変えた。

——♪南風は女神　絹ずれの魔術　素肌に絡んだ　かげりを連れ去る

ホソダの姉ちゃんが言う。いや、吠える。

「うちら、こんなんで青春終わりたないねん！　だから、うちらを熱く語りたいねん！」

突然、大阪弁のイントネーションとなる。観客は度肝を抜かれてきょとんとしている。

「うち、四年制大学行きたかったのに、なんで短大しか行かれへんの？」

姉ちゃんに続いて、他の４人のメンバーも次々と話し、いや吠え始める。

「東京に行きたかったのに、なんで行かったらあかんねん！　うちは、自宅に閉じ込められて、がんじがらめにされるんか？」

「耐寒登山のときに、男子だけ頂上に行けて、女子だけ途中で引き返すのん、おかしいわ。うちらも頂上まで行きたかったわ！」

「女子だけ、白いソックス限定、それも三つ折りって時代錯誤やわ！　いつの時代やねん？」

「なんで男子は、裁縫の授業ないんよ！　これからもずっと未来永劫、旦那のズボンが破れたら、嫁のうちらが繕えってことか？」


ここで、僕もホソダも観客も、ようやっと状況が理解できた。

標準語で演じられた『青春貴族』は、壮大なイントロであって、この舞台の本編は、いま目の前で展開されている、５人の生の叫びなのだと。

だから、冒頭の『青春貴族』は、この本編とくっきり対比するように、わざわざ標準語で、わざわざ宙に浮くような作りにしていたのだと。そして、この本編は、台本にも書かれていない、つまりは顧問の先生にも伝えられていない、姉ちゃんらによるゲリラ的な仕掛けだったのだと。

生の叫びが延々と続く。観客だけでなく、後ろの方で観ていた教師陣も慌てふためいている。

隣で座っているホソダは頭を抱えた。

「こんな展開になること、ホソダは知ってたんか?」

「知るはずないやろ。でも姉ちゃんは、やると言うたら、絶対やんねん。それも突然にな」

そのときである。観客からヤジが飛んだ。ヤジの主は、この高校の男子学生のようだ。

「よっ、ウーマンリブ!」

別の男子学生も継ぎ足す。

「黙ってろ、中ピ連! エノキミサコ!」

「ウーマンリブ」——女性解放運動のことを表す当時の言葉だ。ただ、80年におけるこの言葉は、その古臭さを小馬鹿にするような、侮蔑的なニュアンスが込められている。

「中ピ連」とは「中絶禁止法に反対しピル解禁を要求する女性解放連合」という、当時話題を呼んだ「ウーマンリブ」集団のことで、その代表の名前が、榎美沙子。もちろん「中ピ連」にも「エノキミサコ」にも、侮蔑的ニュアンスがぷんぷんしている。

「フェミニズム」「ジェンダー」なんて言葉が一般化する、40年以上も前、「ウーマンリブ」「中ピ連」「エノキミサコ」というかけ声が、女性の熱いメッセージをかき消す、冷徹な消しゴムになっていた。

でも姉ちゃんは負けない。そんなヤジ、そんなヤジに応じる観客の笑い声をさらにかき消すように切り返す。返す刀で斬り返す。

「ウーマンリブちゃうねん。ウーマンでも、リブでもないねん。これはうちら、いや、うちの問題や！」

舞台の真ん中で頬を紅潮させた姉ちゃんは、心なしか涙を浮かべているようだった。切っ先鋭い見事な返し方だが、それでも突き放した感じにならず、とても人間臭い印象を与えたのは、姉ちゃんが感極まっていたからかもしれない。

観客の女子生徒の一部が、小さな拍手で応じる。

「ありがとう……ありがとう」

姉ちゃんはその拍手に背筋を伸ばすようにして、小さな声で感謝を伝える。

――♪唇よ　熱く君を語れ　誰よりも輝け　美しく

渡辺真知子『唇よ、熱く君を語れ』のボリュームがいよいよ上がる。ボリュームに合わせて、女子生徒を中心として、観客の拍手が高まっていく。

そして姉ちゃんが、決定的なシャウトを決める。

「なんで25歳までに結婚せなあかんの？　なんで高校卒業やいうて、いきなりお見合いせなあかんの？　なんで……」

姉ちゃんの瞳のダムがいよいよ決壊した。しかし意を決して、再度声を張り上げる。

「12月25日を過ぎたら安売りされるクリスマスケーキみたいに、女も25を超えたら安売りされるんやって……それ……それ、どの口が言うてんや！」


――♪Oh beautiful and free　唇で語れ　明日を

決定的なシャウト。そしてこのシャウトに合わせて図ったように『唇よ、熱く君を語れ』が終わる。主に女子生徒を中心とした喝采と、男子生徒を中心としたヤジで騒然となる中、幕が下りた。ホソダは驚きと恥ずかしさの入り混じった顔をして、下を向いていた。

じゃじゃじゃ馬はじゃじゃじゃ馬だった。

6

舞台が終わると、僕とホソダは、そのまま高校を出て、帰り道に向かった。

ホソダは、姉ちゃんが仕掛けたゲリラ的な演出が、けっこうショックだったようで、終始無言で、バス停まで進んでいく。

そして僕は——女子、それも、僕よりも年齢がちょっとだけ上の女子高生が、あんなにもいろんな考えや不満を抱えていること、そしてそれを舞台の上で、堂々と表明したことに、別の意味でショックを受けた。

いつかは僕にも、あんなに堂々と、はっきりと意見を主張する日が来るのだろうか？

僕の唇が、熱く僕を語る日は来るのだろうか？

近鉄中河内駅でホソダと別れた。僕は、駅前商店街を歩き、マロニエを通り過ぎ、自宅に向かった。姉ちゃんのことばかり考えて、マロニエの隣りにあるレコード屋「喜多」でサザンの『いなせなロコモーション』のシングルを買うことを、すっかり忘れてしまっていた。

夜、晩ご飯を食べた後、2階にある自分の机の上で、答案用紙の採点をしている母親に、今日の顚末を話してみた。

女性の四年制大学進学率が数％だった頃に京都大学に入り、そのまま有職主婦として勤め続けている母親は、今日のような出来事をどう捉えるのだろうか。

「ホソダくんの姉ちゃん、おもろいなぁ、痛快やな」

開口一番そう言った。母親は姉ちゃんのことを気に入ったようだ。

僕は、今日まで知らなかった現実を母親に話す。

「四年制大学行かれへんとか、25歳までに結婚とか、女って大変やな」

「そりゃ、大変やで。私もなぁ、この細腕で、仕事して、あんたみたいなバカ息子を育てて、どれだけ頑張ってきたことか……オヨヨ」

芝居がかった口ぶりで、泣き崩れる真似をする母親。「あっ」と思った。思い出したのは、さっき流れていた渡辺真知子『唇よ、熱く君を語れ』の歌詞だった。


――♪唇よ　熱く君を語れ　誰よりも輝け　美しく

口紅のCMソングということもあり、この曲は女性のことを歌っている。女性に対して「唇よ熱く君を語れ」と歌っている。

「唇よ　熱く君を語れ」という歌がもてはやされているのは、この日本では、男性に比べて女性がまだまだ自分を熱く語ることができないからではないのか。さらに言えば、男性に比べて女性が、まだまだ生きづらいからではないのか。

僕は母親に語ってみた。そう熱くはないけれど。

「翔んでる女、とかキャリアウーマンとか言うて、あと、化粧品のコマーシャルでは『唇よ　熱く君を語れ』とか歌ってるけど、それはまだまた女性が窮屈に生きてることの反映なんちゃうか？」

「せやなぁ……」

母親は、小さな声でこう継ぎ足した。

「でもな、大事なことは、女性が生きづらいっちゅうことは、実は多くの男性も生きづらいちゅうことかもしれんで」

「どういう意味なん?」

「うん。難しいかもやけどな、今日、裁縫の授業がなんで女性だけやねんって、舞台で怒ってた子がおったって、さっきあんた言うてたやんか。でもそれ逆に見たら、男子でも、技術の授業で本棚なんか作るより、裁縫の方が好きっている子もいるかもしれんで」

僕は、ホソダが作りかけていたぶさいくな本棚を思い出して、ちょっと笑った。

「でもな」

「でも?」

「時間はかかるけど、少しずつ物事はええ方向で進んでいくで。せやな、あんたが大人になる頃には、今日の舞台の話とか、笑い話になるかもしれんで」

「せやろか?」

「少なくとも、私はそう思って生きてきた。この細腕で……オヨヨ。ま、そんなところかな。ちょっと採点せなあかんから、今日はこんなところでええやろか」

話をバッサリと切って、母親は、またいそいそと採点作業に向かった。僕は、世の中のことが、ちょっとだけ分かったような気になった。

7

僕が東京の大学1年生になって、帰省した86年の年末のこと。ずいぶん様子の変わった近鉄中河内駅近くの郵便局の前で偶然、ホソダと出くわした。あれから7年ぶりの再会。ホソダは、流行りのDCブランドのジャケットに身を包んで、タバコをくわえながら歩いていた。

高校を卒業して、難波のあたりにある知り合いのカフェバーで働いているのだという。だからちょっと大人びた、おしゃれな雰囲気を漂わせているのか。マロニエで、かしこまってアメリカンを飲んでいたときの面影は、もうどこにもなかった。

互いが近況報告を終えた後で、僕は訊ねた。

「そういえば、お前んとこの姉ちゃん、どうしてんねん?」

マロニエ、アメリカン、ブルマン、姉ちゃん、じゃじゃ馬――。あの日、あのとき、高校の講堂を席巻した驚きの舞台で主役を張ったじゃじゃ馬、さぞかし騒々しい人生を歩んでいるはずだ。

「それがな、あれから早々、高校を卒業した年に市役所の公務員とお見合い結婚して、専業主婦になって、今や子供3人、それもぜーんぶ女の子。笑うやろ?」

なんと！　僕は笑った。これはさすがに話が違うぞ、と。

でも、完全に予想を踏みにじって、蹴り飛ばすような生き方も、あの姉ちゃんらしいと言えばらしい、とも思った。

「で、子供全員、まだめっちゃ小っちゃいのに、英才教育や、幼児教育や言うて、英語とかピアノとか習わせる教育ママになっとんねん。アホやわぁ」

3人の娘に向かって姉ちゃんの唇は、今日も熱く語っているのか。そして、じゃじゃ馬の3人の娘は、今度はサラブレッドのじゃじゃ馬になって、舞台の上で吠えるのかもしれない。

そしてホソダも、カフェバーではなかなかの人気で、毎晩毎晩、漫談のようなトークが冴え渡り、固定ファンまで付いているのだと自慢する。そう、彼の唇も、熱く語っているのだ。

――♪唇よ　熱く君を語れ　誰よりも輝け　美しく

さぁ、僕は何を、熱く語ろうか。

第十章

RCサクセション
『雨あがりの夜空に』

作詞・作曲／忌野清志郎・仲井戸麗市
編曲／RC サクセション＆椎名和夫
1980 年 1 月 21 日発売

1

1979年の3月。小学校の卒業式を終えた後の教室。みんなの机を後ろに押しやって作られた空間をステージとして、その上に僕らは立っている。僕ら——いちばん仲のよかったオガワとのふたり。この2人組にはグループ名がある——「あねもね」。

数ヶ月に1度開催される、クラスのお楽しみ会のような場で、僕らは、清水国明《しみずくにあき》と原田伸郎《はらだのぶろう》のユニット＝「あのねのね」のようなパフォーマンスを、何度となく披露していたのだ。そして今、卒業式の後、つまり小学校生活最後のお楽しみ会で、僕らはまたステージに立っているのだ。

少し説明が要るのかも知れない。70年代後半のあのねのねについて。

平成以降、テレビなどでお笑いの歴史が振り返られるとき、いつも声高に語られるのが、80年に起きた、いわゆる「漫才ブーム」だ。そして、ツービートや紳助《しんすけ》・竜介《りゅうすけ》の映像とともにこのブームが語られるとき、かき消されていくのが70年代後半のお笑い界のことである。70年代後半、せんだみつお、笑福亭鶴光《しょうふくていつるこう》、そしてあのねのねが、当時のお笑い界を席巻したという、後年ないがしろにされる、それでもれっきとした事実——。

中でも僕とオガワは、あのねのねに夢中になった。彼らの音楽にではない。彼らのネタにでもない。では何に夢中になったのか。あえて言えば、彼らのセンスだ。それもとびっきりナンセンスなセンス。

例えば当時、僕とオガワが好んで聴いた彼らの曲に『アホの唄』がある。バンドの演奏に合わせて「アホー!」「アホー!」と叫ぶだけの、まったくなんの意味もない曲。『アホの唄』と比較すれば、漫才ブームの漫才には、意味やメッセージのようなものが、ちゃんとあったと思う。対してあのねのねは、当時の漫画『がきデカ』や『マカロニほうれん荘』などとともに、意味やメッセージをあざ笑うナンセンスの魅力を教えてくれた。

当時、僕の家のテレビはまだ白黒だったのだが、白黒のくすんだ画面の中から、あのねのね、せんだみつお、笑福亭鶴光が送り出す、カラフルなナンセンスの風が吹いてきた。そして僕とオガワは、その風を全身で受け止めた。

「あのねのねのコピーしよ。名前は、せやな、あのねのねをもじって『あねもね』や」

花の名前を使うところなど、若干の少女趣味が入っているように見えるかもしれないが、もちろん、僕もオガワも、アネモネという花がどういう花かなど知らない。

そんなユニット＝あねもねが最後の舞台に立つ。そう、この舞台は解散コンサートなのだ。中学生にもなってこんな馬鹿なことは続けられないと、僕もオガワも思っていた。

解散コンサートのネタは、景気づけとしてまず、せんだみつおのコピーから始まった。観客＝つまりクラスメイトに手拍子を強要して、せんだのギャグ「せんだ、えらい!」を真似た「オガワ、えらい!」を何度も繰り返す。このギャグをやるときのせんだのように、僕とオガワが両手を繰り返し上に突き出して、ステージ狭しと踊り狂う。

教室が盛り上がってくる。そしてだんだん手拍子のリズムが速くなってくる。僕の動きは羞恥心のせいで中途半端なのだが、オガワはもう一心不乱に踊り狂って、走り回って、そのさまがウケまくっている。

温まったところで、次は小噺だ。もちろんこれは笑福亭鶴光が当時得意にしていた「小噺その1」「小噺その2」……のシリーズを真似たもの。鶴光のようなアクセントでオガワが、僕らの担任だった、当時おそらく50歳前後の女性教師＝栗原先生の顔立ちをネタにした小噺をし始める。

「小噺その1。栗原先生が交通事故に遭って、顔に大怪我をして病院に行きました。顔を見た先生が……『ずいぶん治りましたね』」

小噺のオチを言ったあと、「わーい！　わーい！」と僕らがステージを走り回るのがルーティン。この小噺もまた、ドッカンドッカンとウケている。

お楽しみ会への出演を繰り返す中で、僕らあねもねのネタ運びが板に付いてきたこともあろうが、それ以上に、クラスメイトが抱いていた「今日で小学校生活も最後なんだ」という感慨も、盛り上がりに加勢していたと思う。

次は漫才だ。まだ漫才ブームの1年前。僕らが披露したのは、古めかしい内容のものだった。具体的には、当時それなりの人気を得ていた漫才コンビ＝青芝フック・キックのネタを借用したもの。設定は病院。風邪をひいてずっと治らない客が僕、医者がオガワ。ナンセンスなやり取りが続いたあと、オチに入る。

「で、どんな薬、飲んでまんねん？」

「塗り薬や」

「そんなアホな！」

ドッカーン！　教室はもうライブハウスと化している。そして最後はいよいよメイン。あのねのね風のナンセンスソングで締める。

僕らふたりはフォークギターを抱える。ギターを始めたばかりでチューニングもおぼつかない僕だが、オガワはとても上手い。なんでも近所に、ギターを教えてくれる高校生の兄ちゃんがいるのだという。フォークギターのヘッドのところから、切らずに放ってある弦が放射状に伸びている。あのねのねがそうしていて、かっこいいと思って、僕らも真似ている。

ジャーン！　オガワがDのコードを鳴らす。そしてMCも彼の役だ。

「今日で僕らあねもねは解散します」

これまでとは打って変わって、しんみりとしたトーンで話し始める。

「だから次の曲が、僕らの最後の曲です。最後の曲は――『解散の唄』」

クラスメイトが静まり返る中、オガワがギターのボディにピックを叩き付けてカウントを取る。

カン！カン！カン！カン！　ジャンジャンジャカ・ジャンジャンジャカ・ジャンジャンジャカ・ジャン・ジャン！

「♪かい・かい・かい……かいが3つで解散！」

ドッカーン！　ドッカーン！　ドッカーン！　今、ナンセンスの風が笑いの台風となって、教室全体に吹き荒れた。あねもねの解散コンサートは大成功だった。

そして、観客から声援が飛んだ。

「3年後、中学の卒業式でもやってくれ!」。

「せやせや、やってくれー!」

私立中学に行く数名を除いて、僕らはみんな同じ公立中学に行く。3年後、中学の卒業式での「復活コンサート」。悪くないなと僕は思った。

2

せんだみつお、笑福亭鶴光、あのねのねに比べて、漫才なんて古くさいお笑いだと思っていた。ただ一組だけ、僕らの波長に合うコンビがいた。

Wヤングだ。

中田治雄《なかたはるお》と平川幸雄《ひらかわゆきお》の2人組。次から次へとダジャレを繰り出す芸風はスピーディでテレビ的で、そして何より分かりやすかった。僕ら、あねもねも何度かネタを拝借したことがあった。

「すべってころんで、大分県」

「ほなこのへんで、沖縄県」

しかし僕らの感覚の中に、小指一本でかろうじて残っていた漫才というジャンルが、滑り落ちたのだ。海の底に。

79年10月25日、Wヤングの中田治雄が、熱海の崖から投身自殺。理由は借金苦だと報じられた。

「Wヤングの中田、死んだなぁ」

「漫才も、もう終わりやなぁ」

中学に入ってそれぞれ別のクラス、別のクラブに入ったあねもねだったが、たまに一緒に帰宅しながら「お笑い評論」のような会話をしていた。

ひとしきりWヤングの思い出を語った後、最近身長が伸びて、170センチを超えたというオガワが突然、橋の上で川面に向かって、大声で叫び出した。

「なんで死んだんやぁーーー!」

「お前、そんなに悲しいんか? 中田の自殺が……」

「ちゃうやん、これ、中田の葬式での平川の物まねやん」

そうだ。中田治雄のお葬式で、平川幸雄が棺桶の前で「なんで死んだんやぁーーー!」と絶叫した映像は、大阪のニュースで何度も繰り返し流されたのだった。オガワはそれをネタにしていたのだ。

僕はそれを冷めた目で見ながら、せんだみつおや、あのねのねのことも思い出していた。というのは、最近テレビで彼らを見ることが少なくなってきたような気がしたからだ。笑福亭鶴光だけは、まだ相変わらずラジオで飛ばしているけれど。

時代は79年から80年へ。1年の差。このたった1年の差が、あねもねに、いや少しばかり大げさにいえば、人生そのものに決定的な変化をもたらすことを、僕らはまだ知らない。80年代がやってくる。「80年代」という名のハリケーンが吹き荒れて、何もかもを吹き飛ばしていく。

何もかもが吹き飛ばされたお笑いの更地に残っていたのは、まさかの漫才だった。僕らが古くさいと思い続け、さらにはWヤング中田の自殺でいよいよ詰め寄られた、漫才——。

そんな漫才が、あろうことか、まったくピカピカに生まれ変わり、更地の中でピカピカと光り出したのだ。

3

Wヤング・中田治雄が自殺した記憶も薄れてきた年明け、80年1月21日の月曜日。東大阪の空はよく晴れていた。

しかし、空が晴れているかどうかなんて、その日、僕のクラスの中では、誰も話題にしていなかった。話題をさらっていたのはただひとつ——。

「昨日の8チャンネルの『花王名人劇場』、見たか?」

『花王名人劇場』とは、日曜日の21時から関西テレビ(8チャンネル)で放送されていた番組で、演芸を中心にドラマなど、様々なジャンルの「名人芸」が取り上げられていた。

しかし昨夜の『花王名人劇場』は、エンタテインメントを超えたひとつの「事件」だった。放送されたのは——「激突! 漫才新幹線」。

出演は星セント・ルイス、横山やすし・西川きよしという、すでに人気を得ていた漫才コンビに加えて、当時まだ新進気鋭のB&B。ちなみに「新幹線」の意味合いは、東京のセント・ルイス、大阪のやすし・きよし、そして岡山と広島出身のB&Bと、活動地・出身地が、ちょうど東海道・山陽新幹線の沿線上に並べられることから。

とりわけB&Bの漫才は格別の「事件」だった。見たことも聴いたこともないテンポ感、次々と放たれるギャグ。それは、僕らにとっては、サザンオールスターズの『勝手にシンドバッド』をはじめて聴いたときの衝撃に似ていた。

「B&B、オモロかったわぁ。何がオモロいのか、さっぱり分からんけど、でもオモロかったわぁ」と僕が言うと、「あんな早口の漫才、初めて聞いたわ。すごいなぁ」「B&Bに比べたら、セント・ルイスなんて、全然オモロないわ」とクラスメイトが口々に、驚きと感嘆に溢れた感想を漏らした。

放課後、オガワが僕の教室にやってきた。

「一緒に帰れへんか?」

「ええで」

僕とオガワは、また一緒に帰ることとなった。そして昨年の秋、オガワがWヤング・平川の物まねで「なんで死んだんやぁーーー!」と叫んだ橋の上に着いた。

さらに身長が伸びて、いよいよ大人っぽくなり、口元にも薄っすら髭が生えてきたオガワが、思い詰めたような顔、声変わりをした低い声でこう言った。

「あねもね、ほんまに解散やなぁ」

僕は驚いた。そして少し笑った。解散といってもあねもねは、小学校の卒業式から約1年、何の活動もしていないではないか。

「別に、活動もしてへんのに、なんでそんな暗い顔で突然、解散って言うねん?」

「昨日の『花王名人劇場』、見たか?」

「見たで。オモロかったやん」

「オモロかった。確かにオモロかった」

「それが、どないしてん?」

僕にはさっぱり分からなかった。昨夜の『花王名人劇場』と、活動休止中のあねもねに、なんの関係があるというのだろう。

「分かれへんか? ていうか、俺らがやってた、あのねのねみたいなネタ、もう古なったやろ。流行らんやろ? かといって、B&Bみたいな漫才、俺らには絶対出来《でけ》へん」

確かにそうだ。Wヤング・中田の自殺で終わったと思っていた漫才に、昨夜、B&Bが生命を吹き込んだ。そしてその新しい漫才は、僕らがこよなく愛した、あのねのねやせんだみつおの芸風と、決定的に異なるものだったのだ。

オガワは続けた。

「せやから、あねもねはもう終わりや。このまま忘れ去られるのを待とうやないか。あと、中学の卒業式に出るとかいう話も、もうなかったことにしようやないか」

僕が昨日、何も考えずにゲラゲラ笑いながら見ていた『花王名人劇場』のB&Bについて、ここまで真剣に、深刻に捉えているオガワが不思議でならなかった。考え過ぎだと思った。白状すれば、ちょっとおかしな奴だなとまで思った。

だから僕は、あえて軽く返したのだ。

「別に俺はええよ、解散で。ちゅうか、あねもねのこと、もう忘れてたわぁ」

オガワはこっくりとうなずいた。

それでもオガワが熱く語ったこと、考え過ぎなほどに考えたことが圧倒的に正しかったことは、その後の時代の流れが完ぺきに証明した。

4月1日、僕らが中2になったその日に、同じく関西テレビで放送された『THE MANZAI』の初回は決定打だった。「80年代」という名のハリケーンは、よくよく目を凝らしたら「漫才ブーム」という名前が付いていたのだ。

初回に出演したのは、セント・ルイス、やすし・きよし、B&Bに加えて、ツービート、島田紳助・松本竜介、ザ・ぼんち、中田カウス・ボタン。この日から漫才ブームが本格的に吹き荒れた。80年は、『THE MANZAI』と、その『THE MANZAI』の初回放送と同じ日にデビューした松田聖子とがセットで記憶される1年となった。

そして肥大化した漫才ブームは、あのねのねや、せんだみつおを端っこに追いやった。そして笑福亭鶴光、さらにはアリスやゴダイゴなどのニューミュージックにとっての向かい風にもなったように、僕には見えた。その年になんと5回も放送された『THE MANZAI』をすべて隈なく見ながら、僕はこう思った。

「オガワは正しかったな。もう、あねもねの時代とちゃうわ」

あねもねの時代？　そんな時代あったんかいな？　と、心の中で自分にツッコミながら、それでもやはり僕は強く、そう思った。

4

「時代が変わった」「お笑いの潮目が変わった」と思わせる決定打は、あろうことか僕の母親の言動だった。

母親は、せんだみつお、笑福亭鶴光、あのねのねに対して厳しかった。僕が彼らに夢中になっているさまを露骨に嫌がった。せんだみつおがはしゃいでいる番組を食い入るように見つめていたとき、突然テレビを消されたこともあった。

では、どんなお笑いだったら許されたのか、僕にはよく分からなかったのだが、「『シャボン玉ホリデー』は良かってん。でも『ゲバゲバ90分！』はあかんねん」などとしばしば言っていたので、その境目あたりに是非の基準があったのだろう。ドリフターズは、その中間に置かれていたような気がする。

しかし、である。漫才ブームについては、まんざらでもなさそうだったのだ。おそらく絶対に忌み嫌うと思っていた下品なネタにも、腹を抱えて笑うのだ。

例えばツービートのネタ――「道を歩いてたらウンコがありましてね。近寄ってみたらウンコ、指でつついてみたらウンコ、舐めてみたら完全にウンコなんですよ。あぁよかったですよ、踏まなくて」。

僕や兄貴が笑っていると、横で母親も笑っている。

「え？　お母さん、こんなん嫌いなんちゃうん？」

「いや、下品やけど、なんかよう考えられてて、センスあるやん」

ならば、笑福亭鶴光の下品な小咄もＯＫのはずなのにと思いつつ、次に紳助・竜介が出てきて、右側に立つ島田紳助が、

「俺ら私立高校は、親が金持ちやから、体育館建てるときも、親がバーンと寄付するんですわ。こいつ（竜介）ら貧乏人の公立高校は、体育館建てるとき、まずベルマーク集めよんねん」

このネタには僕ら兄弟よりも、母親の方が先に、強く反応した。

「え？　そんなにオモロイん？」

「オモロイ、オモロイ。いやぁ、この子らはオモロイ。センスあるわぁ」

どうも「センス」がキーワードらしいのだが、その意味するところが、さっぱり分からなかったのだ。

――せんだみつお、笑福亭鶴光、あのねのねとは違う、ツービートや紳助・竜介の「センス」とは何か？

でも、とにかく時代が変わったことは、よくよく痛感した。そして観念して、僕は、せんだみつお、笑福亭鶴光、あのねのねのことを忘れることにした。そして漫才ブームに乗ることに決めたのだ。

5

小学校の卒業式から、あっという間に3年が経った。82年3月、中学校の卒業式の前日に開催される学年の集まり、題して「卒業生茶話《さわ》会」で、解散したはずのあねもねがまた舞台に立つこととなった。ある事情で立たねばならなくなったのだ。

3年前のステージを生で見ていて、そして今ややけっこうグレてしまい、学年の番長格になっているナカイから、公立高校の入試も終わり、やや緩んだ空気になっている廊下に呼び出されて頼まれたのだ。

「茶話会、俺らの小学校からも、誰か出てほしいねん。3つの小学校の卒業生が集まるこの中学で、俺らいちばん少数派やん。正直、ずっと肩身も狭かったわ。せやけど、最後に茶話会で、あねもねでドカーンと盛り上げて、見返してほしいねん」

番長格のくせに、ナカイが言っていることの内容は、彼の人間としてのちっぽけさを表している。

「でも……」

僕が言いかけたとき、身長はさらに高くなりすでに高校生、いやオッサンのようになっていたオガワが、僕を制してこう言った。

「でもな、こいつとも話してんけど、もう、あねもねみたいな芸風、流行らんやろ？　絶対、めっちゃシラケるで」

「シラケる」は、のちの「すべる」に意味合いが近い当時の言葉だ。要するに、絶対ウケない、笑いが取れないと、オガワは言っている。その瞬間、ナカイの表情がみるみる変わった。

「お前、俺の頼みが聞かれへんちゅうんか？」

まだ十数年しか生きていないが、僕の知る限り、人間としてショボい奴ほど、こういう古くさい言い方をする。

「オガワ、黙って言うこと聞け！　しばくぞーーーー！」

と言うや否や、ナカイの膝が、テンポよくオガワの腹にめり込んだ。東大阪の不良用語で「チャランポ」と呼ばれる技だ。ナカイよりも大きな身体のオガワが、廊下に音を立てて倒れ込んだ。

「分かったな？　絶対やれよ」

「は、はい」

僕は答えてしまった。この瞬間、決定してしまったのだ——あねもねの再結成が！

6

「でも、どうする?」

オガワが悩ましい顔で、僕に聞いてきた。準備の打ち合わせのために、喫茶「マロニエ」のボックス席に座った僕らは無言のままでいた。ホソダと、彼のじゃじゃ馬姉ちゃんと来て以来のマロニエだ。ナカイに詰め寄られたことの憂さ晴らしに加え、僕らふたりが公立高校に合格して気分が大きくなっていたこともあって、思い切って入ってみたのだ。

「マスター、ブルマン2つで」

ホソダの姉ちゃんを思い出して、思い切って注文してみた。

他の常連客がくゆらせているタバコの煙の向こう側に観葉植物が揺れている。入ったときに流れていた音楽は、ちょっと前に流行ったノーランズ『ダンシング・シスター』、続いて、さらに少し前のヒット曲、ナック『マイ・シャローナ』。そんな気分のいい選曲とは別に、僕らの気持ちは沈んでいる。

せんだみつお、笑福亭鶴光、そしてあのねのねを吹き飛ばした漫才ブームに加え、1981年に入ると、僕らにとって状況はさらに悪化した。まずは、大人気のYMOのアルバムでコントを披露していたスネークマンショーのブーム。彼らのシュールで知的で東京的な笑いを、僕ら含めた大阪のガキどもは、必死に背伸びをして、なんとか理解しようとし始めた。

そして決定的だったのは、1981年の元日に始まったラジオ番組、ニッポン放送『ビートたけしのオールナイトニッポン』だ。十把一絡げの漫才ブームから、「ビートたけしとそれ以外」という時代へ。

『ビートたけしのオールナイトニッポン』でたけしが繰り出す、危険で、それでもどこか知的で、かつ圧倒的に東京的な速射砲トークは、全国的なブームとなり、東京足立区から遠く離れた大阪のガキどもまで、とりこにした。

「ばーかーやーろー！」。

ビートたけしが放つ、大阪弁とは真逆のフラットなアクセントによる「ばーかーやーろー！」が、東大阪にも広がった。なんと大阪の下町が、東京の下町風の言葉で覆い尽くされるという、考えられない事態が現実のものとなった。

僕らが中学生になってからの3年間で、お笑いのルールが根本から変わってしまった――。

「いやぁ、あのときのネタやっても全然ウケへんで」

「でもなぁ、ナカイにまたシバかれるんもイヤやしなぁ」

でかいオガワと、それほどでかくならなかった僕が、周囲からのタバコの煙の中、2時間ほど粘ってみたのが、結局いいアイデアは何も出なかった。話が盛り上がらなかったのは、もしかしたら、僕とオガワが、ここしばらくの間、こってりと話すことがなかったことも影響したのかもしれない。

そして出た結論は——昔のネタをそのままやる。シラケたら、「オガワ、えらい！」を繰り返して舞台から逃亡する、という、なんの策もない敗北主義的なものだった。大ヒット中のJ・ガイルズ・バンド『堕ちた天使』が、無策をあざわらうかのように調子よく流れている。
僕らも中学校の講堂の谷底に、堕ちていくのだろうか。

7

卒業式の前日に、「卒業生茶話会」を開催するのは、僕たちの中学の恒例行事だった。前半、卒業式のリハーサルをして、その後、各クラスからの余興を楽しむ。他のクラスからは、女子のデュオがイルカの『なごり雪』を歌ったり、落語研究会の男子が『時うどん』を披露したりして、けっこうウケている。

ナカイの差し金なのか、僕らはトリだった。そもそも僕とオガワはクラスも違うのに、コンビで出演することになった、いや、ナカイの剛腕によって、出演させられた。

僕は、高校受験のときにさえも感じなかったプレッシャーに押し潰されそうになった。

「しゃあない、行くか……」「せやなぁ……」

舞台袖で出番を待つオガワも初めから敗戦モードだ。僕も同じく。

そこに、長い学ラン、太いズボンを履いたナカイが、不敵な笑みを浮かべて近寄ってくる。

「分かってるやろな？」

分かっている。分かっているとも。この状況が。

この敗戦必至の状況に、自ら堕ちていくことが——。僕らは敗戦モードのまま、舞台に飛び出した。

「はーい、どーもー。僕らふたりであねもねでーす！」

観客、つまり同級生の反応が悪い。よく考えたら当然だ。他の小学校から来た連中は、あねもねのことなんて知らない。さらに、3年の月日の流れの中でみんな、あのねのねのことなんて忘れ始めているのだから。しかし、めげずにネタに入る。漫才ブームだからということで、漫才ネタから始めることにした。でもネタ自体は、青芝フック・キックのあの古ぼけたネタだ。もちろん観客は、青芝フック・キックのことも忘れている。

「で、どんな薬、飲んでまんねん？」

「塗り薬や」

「そんなアホな！」

会場は水を打ったように静まり返っている。これは本格的にやばい。さすがに古めかしかったか。シーンとしているどころか、一部の不良から怒号が飛び始めた。

「オモロないぞー！」

「早《は》よ帰れー！」

想像通りの展開だった。仕方がない。出たくて出たわけではなかったのだから。あねもねは、とっくに解散していたのだから。僕は、オガワに目配せした。「もう逃げようや」というメッセージをアイコンタクトで伝えた。しかし、オガワは僕のメッセージに気が付きながら、すっと顔を背けた。オガワにそっぽを向かれ、舞台の上で一瞬、孤立無援となった瞬間、僕は舞台の上に立っていることも忘れて、こんなことを思った。


「テレビやラジオから、新しい笑いや音楽のハリケーンが吹き荒れて、好きやったもの、信じてたものが、あっという間に吹き飛ばされていく。僕は一生、そんなんに翻弄されて生きていくんやろか。たまらんなぁ……」


たまらんなぁ。それは小学校6年生の僕には分からなかった感情である。

しかし、オガワは僕を見放さなかった。いや、むしろ助けてくれた。僕にそっぽを向いた勢いで、舞台の袖に用意していた、最後のネタ、つまり、あの「解散の歌」で使うはずのフォークギターを走って取りに行き、ストラップを首にかけ、顔を上げて、客席の方をじっと見た。

しかし、あの頃とは違って、オガワのフォークギターのヘッドから、弦が放射状にはみ出ていない。きれいに切り落とされている。あの頃と決別するかのように。

意を決したようにオガワは、強いストロークでDのコードを弾く――。ジャージャカ・ジャージャカ・ジャージャカ・ジャージャカ！ あの頃とは違う、今っぽいエイトビートだ。そしてなんかロックっぽい。オガワは、僕との打ち合わせで、全然話に出なかった歌を、突然勝手に歌い出した。

「♪この雨にやられて　エンジンいかれちまった！」

RCサクセション『雨あがりの夜空に』だ！ 会場の雰囲気がガラッと変わった。シーンとしてた同級生たちからパラパラと手拍子が起こり始めた。

「この手があったか！」――と僕は思った。手拍子が手拍子を呼び、優等生から、さっきヤジっていた不良まで一緒に盛り上がり、そして最後は総立ちになった。

みんな知っている、みんな聴いたことがある『雨あがりの夜空に』。これは、82年の春に中学を卒業して高校生になり、そして80年代まるごと、青春を謳歌するであろう、僕たちのアンセムだ。

「♪どうしたんだ Hey Hey Baby」

僕はと言えば、ギターも持たず、マイクに向かって、サビだけをオガワとユニゾンで歌うだけだった。つまり、あねもねの解散コンサートは、ほとんどオガワの一人舞台になったのだ。

それでも、歌詞の内容に眉をひそめる教師たちを尻目に、オガワの見事なギターと歌で、同級生が盛り上がるさまは、僕にとっても快感だった。ろくなことがなかった中学生活の中で、最高の快感だった。

長身を揺らして、あの頃よりもずいぶん安定感のあるギターで弾き語るオガワは、まるで忌野清志郎みたいだった——清志郎、生で見たことなんてないけれど。

拍手喝采を受けながら、僕らは舞台下手に退いた。

「ようやったようやった。お前らはやると思《おも》てたんや」

ナカイが押し付けがましく話してきた。僕はそれを一切無視して、オガワにこう言った。

「オガワ、えらい！」

今日披露しなかった、懐かしのネタで慰労したのだ。オガワは軽く、せんだみつおのように、ちょっとだけ腕を上げた。この瞬間、僕らは、せんだみつお、笑福亭鶴光、あのねのねの70年代をやっと卒業して、RCサクセションの80年代をやっと迎え入れた。

中学校の卒業式の前日は、僕らにとって、70年代の卒業式だったのだ。心の中で僕はつぶやいた。

「さようなら、僕らが大好きで、僕らをとりこにしてくれた、とびっきりナンセンスな70年代——」

第十一章

ジョン・レノン／ヨーコ・オノ
『スターティング・オーヴァー』

作詞・作曲／ジョン・レノン

1980年11月10日発売

1

1980年春、僕は中2になった。

担任は隣の中学から赴任してきた英語のヤマセ先生だった。歳は30代の半ば。線が細く神経質そうな感じはしたものの、すらっとした長身で、また、アメリカ留学経験があったらしく、英語の発音は抜群。すぐに女子生徒の人気の的となった。

僕自身も、彼の英語の発音に魅了された。中1のときの英語教師の発音が、中1にもバレるようなデタラメなものだったので、「やっと本物の英語が学べる」と喜んだものだった。

しかし喜びは束の間だった。不良たちには、学校を飛び越えた独自のネットワークがある。ネットワークは、ヤマセ先生についての、あまりにも悲劇的な情報を伝達した。なんでも、去年、隣の中学で担任を持っていたときに、クラスの不良たちとぶつかり、いや、完全にやり込められ、今でいう「学級崩壊」を起こしたのだという。

そのクラスの崩壊っぷりは半端なものではなく、彼が持っていたクラスから、隣中全体に校内暴力が吹き荒れ、結果として、隣中からつまみ出されるかたちで、彼は僕たちの中学に来たのだという。いってみれば、その年の秋から放送された『3年B組金八先生』(第2シリーズ)で、荒谷二中から桜中学に放り出された不良＝加藤優《かとうまさる》(直江喜一《なおえきいち》)の教師版だ。

そんな情報はまたたくまにガソリンとなって、僕のクラスの不良たちを燃え盛らせた。

「おいヤマセ、隣中で、去年、不良にボコボコにされたんやて？」

英語の授業、そしてクラスの崩壊への号砲は、クラスの番長的役割だった男子のこの一言だった。線が細く神経質そうなヤマセ先生は反論しなかった。にじり寄る番長に、ヤマセ先生の身体は黒板にぶつかるほど後ずさり、顔からは血の気が引き、明らかにうろたえた。

「この中学は、隣中よりもしんどいでぇー」

番長は彼の首根っこをつかんで押し上げる。「やめなさい、やめな……」と口ごもりながら、彼はされるがままである。女子たちは、そんなさまを半笑いで見つめている。


結局その日から、ヤマセ先生が仕切る英語の授業とホームルームは、無法地帯となった。教壇で彼が何かを喋っているのだが、誰も聞いてはいない。実は英語好きだった僕は、努めて聞こうとするものの、騒々しさの中で諦める。不良たちは教室の後ろで自由に遊んでいる。もちろん、先生に対する女子からの人気も急落だ。

僕は、荒んだ光景を、ただ黙って見ていた。彼の味方にも不良の味方にもならず、声を潜めて、時の経つのを待ち続けた。

2

秋になった。

クラスの崩壊は、僕の中学生活をも崩壊させたようだった。クラスがつまらなければ、部活も面白くない。登校した後は、とにかく1分でも早く帰宅することを意識した。学校にいたら、いつどこで、荒んだ光景が目の前に広がるか分からない。巻き込まれたくなかったし、いち早く脱却したかった。

家に帰ってFMラジオをよく聞いた。兄貴との相部屋にあるシステムコンポのラックに付いている透明ガラスの観音扉を開けて、プリメインアンプとチューナーのスイッチを入れる。チューナーの後部から伸びる、黒くて細いFMアンテナが85・1Mhz、FM大阪の電波をキャッチする。チーン。仏壇に置いてある円形の金属を鳴らしたような音が、スピーカーから突然聴こえてきた。チーン。チーン。何度も繰り返される。そして歌が始まる。

――♪Our life together is so precious together

明らかに聴いたことのある声だ。でも誰だか分からない。シャッフルビートに乗って、大人っぽいサウンドが続く。曲が終わってDJが言った。

「いよいよ。お待ちかねのジョン・レノンのニューシングルが発売されます。曲名は『スターティング・オーヴァー』」

ジョン・レノン？　ビートルズの？　その頃僕は、ビートルズを聴き始めていた。当時再発されていたシングル盤を、お小遣いをためて1枚1枚買い集めていて、また、友だちや友だちの兄貴からLPを借りて、カセットテープにダビングしていた。だから、『スターティング・オーヴァー』のジョン・レノンの声にも、なんとなく聴きおぼえを感じたのだろう。

しかし、ビートルズより大人っぽい『スターティング・オーヴァー』のサウンドには食指が動かなかった。今の僕には、初期ビートルズのロックンロールの方が正直だ。

そして思った――「『スターティング・オーヴァー』って、どんな意味やろ？」

学校から逃げながら、ビートルズを聴きながら、秋は深まっていく。

3

ある日、突然ラジオが大騒ぎになった。ＦＭ大阪のＤＪは、どの番組でもずっと同じニュースを伝えた。

「ジョン・レノンが――撃たれました」

ラジオだけではない、テレビのニュースもトップで報じていた。

「アメリカ・ニューヨークで、現地時間の12月8日、元ビートルズのジョン・レノンが、銃で撃たれて亡くなりました。40歳でした」

ビートルズ・ビギナーだった僕は、事の重大さがまだ理解できなかった。ただ、それでも多くの人が混乱し、世界中が悲しみに暮れるほどの一大事だということくらいは分かる。

ラジオ番組はそれからしばらくの間、ジョン・レノンの曲、とりわけ『スターティング・オーヴァー』や『イマジン』を何度もローテーションした。ずっと聴いていた僕は、この2曲を完全に憶えてしまった。

ビートルズ・ビギナーだった僕は、ジョン・レノン・ビギナーにもなった。

そんな12月のある日、土曜日の午後、僕は部屋で、中河内駅前の「中林書房」で買った音楽雑誌を読んでいた。特集はもちろんジョン・レノン。ビートルズ時代のジョンを撮影したモノクロームの写真を、食い入るように見つめていると、母親が声をかけてきた。

「あんた、こんなの読んでるん？　なっつかしいわぁ」

「え？　何が、ビートルズが？」

「ちゃうねん、諸君のような青少年が、ビートルズの写真を夢中になって見つめてるんが、や」

かつて母親がビートルズを聴いていたのかと思って驚いたのだが、そうではなく、今の僕のように、ビートルズに首ったけになった生徒を、当時、教師として、よく見ていたということのようだった。母親は遠くを見つめるような表情で続ける。

「あんたと同《おんな》じ目ぇして、みんなうっとりして、ビートルズの写真見つめてたもんや。懐かしぃ」

「そうなんか、当時は大変やったんかぃな？」

「大変やったでぇ。ビートルズ来日のときなんか、大阪でもえらい盛り上がったわ。お母さん、あの頃は、今と違《ちご》て、道頓堀の近く、難波のど真ん中の中学やったから、あれや……あれあれ、あれが大変やったわ」

「何？」

「『ナンバ一番』。知ってるか、『ナンバ一番』」

「何それ？『サッポロ一番』みたいなもんか？」

「アホ、当時流行りのジャズ喫茶やがな。今でいうライブハウスやな。ビートルズみたいなバンドが出てるちゅうて、学校の不良が、そのあたりに決まってたむろするんで、先生何人かで集まって、補導に行くねん」

「知らんわぁ。で、その『ナンバ一番』って、誰が出てたん？」

「あぁ、当時は分からんかったけど、後から聞いたら、沢田研二とか和田アキ子とか出とったたって」

「へぇー」

「でもお母さんはビートルズとか、あと、なんとかストーンズとか、英語の曲なんて全然分からへん。あぁ。でも『イマジン』は歌《うと》たかなぁ。生徒向けの平和教育かなんかで」

「すごいやん。歌詞、憶えたん？」

「いやもう社会の教師には英語なんてチンプンカンプンやから、練習のとき、なーんもせぇへんかった、だから……ヒマジンやった」

「……おもろないわぁ、シラケるわぁ」

母親をくさしながら、僕は思った。

ビートルズが来日したのは、僕が生まれた年の夏のことである。その年の秋深くに僕は生まれた。66年夏、ビートルズ・ブーム吹き荒れる大阪難波の街を、僕をお腹に抱えた身重の母親は、どんな顔をして、どんな思いで、見つめていたのだろう。そんなことを思った瞬間、手元の音楽雑誌の中にいる4人組が、少しだけ身近に思えた。

4

ヤマセ先生は、このジョン・レノンの死をチャンスに変えようと思ったのだろう。射殺事件の報道から2週間ほど経った、この年の最後の授業で、ラジカセを持ってきた。

スピーカーがひとつしかない貧相なラジカセだったが、物珍しさもあってか、いつもは騒がしい彼の授業だが、授業では見慣れないラジカセを見たクラスメイトは、一瞬静まった。僕もドキッとして先生を見つめた。

「皆さん、ご存知の人もいると思いますが、この前、ニューヨークで元ビートルズのジョン・レノンが射殺されました。そこで今日は、彼の歌から英語を勉強したいと思います」

ヤマセ先生は少し緊張した面持ちで、丁寧な口調で前置きしてから、黒板に曲名を美しい筆記体で書いた――『(Just Like) Starting Over』。そしてラジカセの再生スイッチを押した。

チーン。チーン。僕を含めた何人かは聴いたことがあったようで、「知ってる知ってる」という感じに首を動かした。また、知らない面々も、始めは、シャッフルビートを楽しんでいるかのようだった。

しかし、クラスメイトが興味を示したのは、ほんの少しの間だけで、曲の中盤からは、不良たちがまた思い出したように騒ぎ始めた。こいつの授業など真面目に受けてはならないという、暗黙のルールが生徒たちを支配していた。

ヤマセ先生は、歌詞の意味を説明しようとしていたのだが、いつものような崩れ始めた教室を目の前にして、考えを切り替えたのか、『スターティング・オーヴァー』を早送りして、次の曲を急いだのだ。

黒板の『(Just Like) Starting Over』の下に、また筆記体で書かれたのは――『Give Peace a Chance』。次の曲は同じくジョン・レノンの『ギブ・ピース・ア・チャンス』(平和を我等に)だった。

この曲を僕は知らなかった。それどころか、知っていそうな者は、クラスメイトにはいなかったようだ。さらにはメロディのないラップのような曲でもあり、つかみが弱い。不良たちはさらに騒ぎ始めた。不良じゃない面々も、ザワザワと私語を始めた。

そのとき――。ヤマセ先生が教壇に両手のひらを思いきり叩き付けた。

「ダン！」

恐ろしいほど大きな音が鳴った。音に驚いて、クラス全員が、彼のそのさまを見た。

次に彼は、顔の前で、両手のひらを拍手のかたちで叩き付けた。「パン！」という音がフォルテシモで鳴る。何が起こったのか？　と、クラス全員は彼を凝視した。

「ダン！」「パン！」「ダン！」「パン！」

「ダン」と「パン」が『ギブ・ピース・ア・チャンス』の曲に合わせた四分音符のビートになった。彼の叩き付けるビートが、ジョン・レノンのラップのようなボーカルと重なって、ひとつの世界が生み出された。

「ダン！」「パン！」「ダン！」「パン！」

生徒が静まり返ってもニコリともせず、ヤマセ先生は一心不乱にビートを叩き続けた。

「ダン！」「パン！」「ダン！」「パン！」

叩き付けるビートはクレッシェンドで、だんだん大きくなっていく。クラスメイトは、不良も優等生も、僕のような宙ぶらりんな奴も、みんな、そのさまを唖然として見つめ続けた。

曲が終わった。彼はおもむろに黒板に向かって「Give Peace a Chance」という文字を指さして、こう言った。

「Give Peace a Chance――『平和に、与えてあげよう、チャンスを』という意味です。Give Peace a Chance」

見事な発音で「Give Peace a Chance」を繰り返して、タイトルの意味を説明した。

次の瞬間、授業終了のチャイムが鳴った。僕らが、ヤマセ先生の話をちゃんと聞いたのは、このときが最後となった。

5

新年が明けた。81年になった。

クラスの荒れ方は、いよいよひどくなってきて、ヤマセ先生は、ホームルームということで一応教室には来るものの、大騒ぎする生徒たちを見て、そのまま何も言わずに帰ることが多くなった。

英語の授業も同様で、10分ほど立ちすくむのだが、不良たちにいじられ、いたぶられ、そのうちに職員室に帰ってしまう。ひどいときには教室にも来ないで、そのまま自習になる始末。

僕が辛かったのは、ちゃんと勉強したかったからではない。かといって、不良が怖かったからでもない。いや、怖いは怖いのだが、余計なことをしなければいいのだから。

いちばん辛かったのは、自分を押し殺しながら生きることだった。

授業でも面白いことを言いたい、自由に発言したい。「Starting Over」という言葉の意味について、ヤマセ先生に質問したい——けれど、そんなことをすれば、不良たちに何をされるか分からないのだ。実際、「お前、何、ええ子ぶりっ子してんねん!」とシバかれたことがあった。数学の時間、ちょっと質問をしただけなのに。

それからは、とにかく自分を押し殺す。押し殺しながら、生きる。

そして、そそくさと家に帰って、家に着くや否や、カセットデッキにテープを入れて、ビートルズのアルバムを聴く。そうでもしないと、自分が保てなかった。

密閉型のヘッドフォンから響いてくるのは、初期ビートルズ、アルバム『プリーズ・プリーズ・ミー』『ウィズ・ザ・ビートルズ』におけるジョン・レノンのシャウトである。ツヤとハリ——化粧品の宣伝文句でよく聞く言葉。でも僕にとっては、ツヤとハリもジョン・レノンの声のことを指している。

ジョン・レノンが叫んでいる。英語の歌詞の意味など、まるで分からないが、「俺は生きている。自分自身を、少しばかりも押し殺すことなく、好き勝手に、自由奔放に生きているぜ」と歌っているように聴こえてくる。

それに対して、この僕は、どうしたことだろう——。

晩ご飯の匂いが1階から漂ってくる。今夜も母親は仕事で遅くなるとのことで、祖母が作ってくれる日だ。

カセットテープを『ラバー・ソウル』に変える。最近、気に入っているのは、これもジョン・レノンの『イン・マイ・ライフ』だ。今まで生きてきた人生を振り返る歌。いろいろとあった人生を過去として、現在の視点からうっとりと懐かしむ歌。そして僕も『イン・マイ・ライフ』にうっとりとしながら、でも学校の現実を思い出したら途端に憂鬱になる。

「早よ、今が過去になれへんかな。早よ中2が終わって、早よ中学生活が終われへんかな。そしたら、うっとりと懐かしんだるのに——こんなクソッタレな中学生活を」

「ご飯やで—」。祖母が階段の下から叫ぶ。その大声は、密閉型ヘッドフォンをも突き破る。

——♪In my life, I love you more
僕の願いが通じたのか、三学期は思いの外、早く過ぎ去ったように感じた。

6

「It's no use crying over spilt milk」（覆水盆に返らず）——ヤマセ先生の授業がまだ保たれていたころ、彼自身が教えてくれた英語のことわざのように、崩壊したクラスは元に戻ることなく、彼は3月いっぱいでこの中学を離任し、今度はまた別の中学に赴任することとなった。

離任直前の3学期末、面談があった。最後の会話の機会だ。僕は、ちょっと緊張の面持ちで、学校に向かった。主たるテーマになるであろう、進路のことを話すのに緊張していたのではなかった。何か、もっと大切なことを言わねばならないと思っていたのだ。

久しぶりに間近で見るヤマセ先生の顔は、とても疲れていた。

「君は、どんな高校に行きたいの？」

「僕は、音楽やりたいんです」

「え？　芸術系の進学をするということ？」

僕はちょっと焦りながら、打ち消した。

「いえ、普通の高校です。そこの軽音楽部かなんかで、バンドやりたいんです」

我ながら、進路面談にはそぐわない話をしていると思った。しかし、しょうがなかった。そのぐらいしか考えていなかったのだから。

「そうか。どんなバンドをやりたいのですか？」

ヤマセ先生は、あらためて僕の顔を見つめると丁寧な口調で聞いてきた。

「ビートルズです。ビートルズ……絶対、ビートルズ！」

「ええやん！　センセもな、大好きなんや、ビートルズ！」

くだけた大阪弁に変わった。

「え？　そうなんですか！」

「もう骨の髄までビートルズやったんや。ビートルズとか、ロックとか知らなんだら、アメリカなんか留学せえへんかったで」

進路のことなど、そっちのけで彼が聞いてくる。

「そんで、君はビートルズのどこがええねん？」

僕は、意を決して答えた。

「俺は生きているでー！　っていう感じで、自由に歌うところです。特に初期のジョン・レノンが好きで」

「お前、分かってるなぁ、俺と同《おんな》じや」

その瞬間、ヤマセ先生はこれまで見たこともない笑顔になった。

その後、ちょっとだけ進路のことなどを真面目に話した後、彼のことを少しだけ不憫に思っていた僕は、こう伝えた。

「『ギブ・ピース・ア・チャンス』の授業、よかったですよ」

ヤマセ先生は笑顔を見せて、こう言った。

「俺にもチャンスをくれや、って思うわ。Give Me a Chance やわ」

こんな感じで、初めから接してくれたらよかったのに。話しやすくなった気分になった僕は、最後の質問をした。

「あのとき先生が言いかけてた、『スターティング・オーヴァー』の意味って、どんなんやったんですか？」

「あぁ、あれはな、『やり直そう』ぐらいの意味や。オーヴァーには繰り返すっていう意味があって、それとスタートと合わせて『もっかい（もう一回）やり直し』っちゅう感じ」

「なるほど、そういう意味か」

「俺も、やり直しや、『Just Like Starting Over』」

僕への最後の言葉で、彼は最高の発音を聞かせてくれた。

7

中学時代の話をすれば、暗い話が延々と続いてしまうが、そんな僕にも、天国のような日々があったのだ。それは、中学というトンネルを抜け出してすぐ、高1の1年間だ。

油断したのか、高2のときにはまたドツボに沈んでしまうのだが、暗黒の中学時代から抜け出して、ギリギリ進学校といっても差し支えのない、つまりは、ある程度の選別度と自由度を兼ね備えた絶妙なモードの高校に入って、そして僕の青春は花が開いた。

まず僕は、僕と同じような目をしている友だちを、早々と見つけた。その目の色合いは、同じような経験をしたものにしか分からない。そう、荒れた中学生活に息を潜めて、廊下を見つめていた目だ。

東大阪市から抜け出して、大阪市内の街中にある高校を選んだのが正解だった。毎朝、近鉄線で市境を越えて、大阪市内に入った瞬間、ちょっとだけ大げさにいえば、生まれ変わるような気がした。「もう、あの中学時代は二度と帰ってこないんだ」と思うと、あの三年間に「♪In my life, I love you more」と歌ってやってもいいかもと思ったりもした。

高1のクラスの放課後の教室、同じような目をした連中と一緒に、同じようにたどたどしい英語でビートルズを歌った。よくしたもので、教室には誰が持ってきたのか、チューニングの緩いギターが置いてある。

「『If I Fell』ってタイトル、これって仮定法過去やな」「『If I Needed Someone』もやな」などと言いながら。

歌い切った後は、心斎橋や道頓堀の繁華街に繰り出す。とはいっても、同じような目をした僕たちは、決して不良のようなことなどしない。ただレコード屋に行ってビートルズのレコードを眺めて、そして本屋に行ってビートルズの本をめくるだけ。

そしてたまに、ごくたまに、清水の舞台から飛び降りるようにして、ビートルズのLPを買う。買って、みんなで喫茶店に行って、ジャケットや歌詞カードをじっくりと眺める。

毎日が、骨の髄までビートルズ、ビートルズ、ビートルズ！


高1の夏に「平和教育」の日があった。午前中はチャップリンの映画『独裁者』を観て、午後はマーティン・ルーサー・キング牧師のスピーチ「I Have a Dream」をクラス全員で訳し、そして広島の被爆者の方の話を聞いた。

最後に、担任の先生が言った。

「ほな、ジョン・レノンの『イマジン』を歌って終わろか」

即座に、僕と、僕と同じような目をした即席ビートルマニアたちがそれを制する。

「先生、ここは『ギブ・ピース・ア・チャンス』やで！」

「せやせや、『イマジン』なんかぬるいで」

何が「ぬるい」のか分からないが、とりあえずそういうことになり、先生も納得してくれた。『ギブ・ピース・ア・チャンス』のコーラスパートを全員で歌った。チューニングの緩いギターを弾くのは僕だ。


「♪All we are saying is give peace a chance!」

同じメロディ、同じ歌詞が延々と繰り返される。

「♪All we are saying is give peace a chance!」

「おい、これ、いつ終わるんや？」先生の一言で、クラスのみんなが大爆笑した。

そして僕は思った——「これが青春やろ、終わりやなくってこれから始まるんや」と。

8

あれから、何度も浮いたり沈んだりしながら、受験、失敗、浪人、受験、成功。そして86年、僕は東京にある大学に通うために上京、見慣れない東京の街をよそ行きの表情でフラフラしていた。

上京してすぐの若者が浮くことなどない。夏が来るまではずっと沈みっぱなしだった。

よそ行きの気分を中和させる逃げ場として、僕は名画座「早稲田松竹」によく飛び込んだ。暗闇の中で存在感を消しながら、聞いたことのあるタイトルの名画を、洋画・邦画問わず見まくった。

ある日、『いちご白書』という映画を見ることにした。もちろん、荒井由実が作曲してバンバンが歌った『「いちご白書」をもう一度』で知った映画だ。

60年代後半、アメリカのコロンビア大学における学園紛争を描いた映画をじっと見ていたら、最後のシーンに腰を抜かすほど驚いた。

主人公を含めた学生運動のメンバーが何十人と集まって、大学の講堂のようなところに立てこもり、『ギブ・ピース・ア・チャンス』を歌うシーン。

講堂に集まった学生たちは、床に座り込んで、『ギブ・ピース・ア・チャンス』を合唱する。両手のひらを床に叩きつけて「ダン！」、次に、手のひら同士を叩きつけ「パン！」というビートを奏でながら——。

「あのときのヤマセ先生の元ネタはこれだったのか！」

そういえば、彼はアメリカ留学していたはずだ。どこの大学だったかは知らないが、年齢的には、60年代後半の大学紛争を生で見ていてもまったくおかしくはない。もしかしたら、アジアからの貧しい留学生として、大学当局への怒りを表明するべく、自分も参加したのかもしれない。

『ギブ・ピース・ア・チャンス』を授業で流したときの彼は、大学当局への怒りではなく、目の前の不良たちが引き起こしている学級崩壊、ひいては、崩壊を招いてしまった自分自身への怒りが高まって、とっさに、両手によるビートを思い出したのだろう——。

「ダン！」「パン！」「ダン！」「パン！」

そして、映画『いちご白書』の主人公・サイモンと同じように、ヤマセ先生にも悲劇的な結末が待っていた。たった1年で別の中学に異動するという――。

「ダン！」「パン！」「ダン！」「パン！」。名画座を出た後も、そのビートが、僕の頭にこびりついて離れなかった。上京して、クヨクヨ・フラフラくすぶっている自分自身を見つめながら、僕は彼が大阪弁で残した言葉を真似してみた。

「俺も、やり直しや、Just Like Starting Over――」

終章

THE BLUE HEARTS
『TRAIN-TRAIN』

作詞・作曲／真島昌利　編曲／THE BLUE HEARTS
1988年11月23日発売

1

　２０００年の秋、湯の山温泉の一室で、少年時代の様々な思い出が脳内をよぎった後、ふと我に返った。両親と兄貴に向かって座っている自分に。

「なんや、やっぱり年かいな。疲れたんか？」

　あえてフランクな感じで聞いてみた。しかし、深刻そうな表情を変えずに、母親は続ける。

「昔はなぁ、不良少年と格闘するのが、楽しかったんや。変な言い方やけど、教室ん中に、タバコのニオイがぷーんと臭ってきたら、『いっちょやったろか！』ちゅうてワクワクしたもんや」

　実は母親は、校内暴力が盛んだった当時、不良生徒とぶつかることについて、しばしば「ワクワクする」と表現していた。逆に、不良やヤンキーや校内暴力が怖くて怖くて、ずっと息を潜めていた僕には、まるで想像できない神経だった。

「それがな、もうあかんねん。ちゅうのはな、この前、私の社会科の授業中、校内でいっちばん不《わ》良《る》い男の子が暴れ出したんや。それで、昔みたいに『いっちょやったろか！』と思てんけど、なんちゅうか身体が、昔みたいに機敏に動けへんねん。ヨロヨロしてな。で、それもあってか、『いっちょやったろか！』やのうて、『あ、怖いかも……』って感覚が先立ったんよ。ほなな、その不良生徒が、私にタックルかましよってん。もう、ポーンって、教壇の方にひっくり返ったわ」

でも、決定的な話は、そこではないらしい。母親は続ける。

「いやいや、そんなんは、これまでも何回とあったんや。問題はそれからや。教壇に手ぇ付いて、立ち上がろうとしたときに、そのクラスにいる、もうひとりの不良がこう言いよったんや――『そのくらいで勘弁したれや、このババア、死によるで』」

その話を聞いて僕は、「あぁ、優しい不良もいるもんだ」と少し感心したのだが、母親にとっては、これこそがショックだったらしいのだ。つまり、不良から憐れみをもらう、「勘弁してもらう」ということに、ひどくプライドを傷つけられたというのだ。

「この私がやで。生野区、東成区《ひがしなりく》っちゅう手のかかるところで、肩で風切って歩いてた私がやで。『勘弁したれ、死によるで』って、誰に向かって言うてんねんって思たわ!」

生野区、東成区は大阪市内の下町のようなところで、つまりは粋のいい不良生徒が他の区と比べて多かったのだろう。

横で父親が、黙ってうなずいている。兄貴は下の畳をずっと見つめて動かない。少しの沈黙。それを破るように、母親が妙に明るく言う。

「というわけで、今期限りで退職するでぇ。以上、今夜は久々に家族でご飯食べよか！」

2

両親の部屋で、少しばかり豪華な食事をした。僕や兄貴は、久々に両親と面と向かう気恥ずかしさから、お酒を飲んでしまったのだが、日頃はほとんど飲まない母親も、状況がそうさせたのか、ビールを数杯飲んだ。

「たまにはカラオケでもするか？」

想定しない母親の発言。さすがにそれは……と思ったが、さっきのような話の後だ。断りきれずに4人で、ロビーの隣にあるラウンジのような店に入った。慣れない空気に、僕自身は複雑な気分だったのだが、母親はいうまでもなく、父親も、言葉に出さないまでも上機嫌そうだった。退職を伝えるというひと仕事を終えた解放感があったのかもしれない。

土曜日にもかかわらず、客は僕ら4人だけだ。ボックス状になった座席に座る。両親が横に並び、向かい側に僕と兄貴が横並びに。

テーブルに歌本と小さな紙が置いてある。歌いたい曲があれば、歌本に書かれた曲番号を紙に転記し、店員に渡すというシステムだ。空気的に、僕が歌わなければならない流れになる。

カラオケには頻繁に足を運んでいた。00年のサラリーマンとして、カラオケは必須アイテムだった。通信カラオケが浸透し、曲数が一気に増え、マニアックな曲が歌えるのは、本当に楽しかった。また、例えば取引先の接待のような窮屈なシチュエーションでも、とりあえずカラオケに連れていけば、向こうが勝手に歌って、勝手に盛り上がってくれるので、実に気楽だった。

少し酔っ払っていたこともある。元気な曲で景気づけようと思い、ブルーハーツを入れてみた。曲は、僕が就職する前の大学生時代、就職のことを考えて憂鬱になり始めた大学生時代にヒットした『TRAIN-TRAIN』。母の退職というタイミングで僕は、自分の就職前の歌を選んだ。

――♪栄光に向かって走る　あの列車に乗って行こう

客が誰もいない寂しいラウンジに、真島昌利によるエネルギーに溢れた言葉が響きわたる。そして僕は、その歌い出しに続いてすぐに現れる歌詞に、さっき聞いた母親と不良生徒のいざこざを思い出す。

――♪弱い者達が夕暮れ　さらに弱い者をたたく

両親の前でブルーハーツを歌うという気恥ずかしさにさいなまれながら、なんとか全編歌いきった。少しだけ高揚した気分で、ボックス席に戻る。兄貴が拍手している。父親はよく分からなかったようで、母親もそうかと思いきや、歌詞の映る小さな画面に注目していたようだ。

そして思いがけず、こう言ったのだ。

「なんや、弱い者《もん》らが夕暮れて、さらに弱い者たたきよるって、あの歌詞、ええなぁ」

対して、僕が返した言葉に、父親と兄貴が笑った。

「お母さん、めっちゃ大阪弁やな」

3

「面倒くさい」という形容詞が、物事ではなく、人に冠されるようになったのはいつ頃からか。退職後の母親の人格は、まさに面倒くさいという感じになった。もちろん、それまでも、それなりに面倒くさい人ではあったのだが、より前面に出てきた感じとでも言えばいいか。

仕事は辞めたけれど、年金を元手にいろいろと活動していた。海外旅行や地域の活動、応援する政党絡みの活動……僕は一緒に住んではいなかったので、活動ぶりについては、母親自身からの報告、そして小ぶりの二世帯住宅で同居している兄貴からの報告、いや苦情で知ることになっていた。

たまに上京して、僕が相手をするのだが、思いつきで行動するのを相手するのにほとほと疲れた。またつまらないこと、どうでもいいことで、突然声を荒げることもあって、驚くことも多かった。

どうでもいいこと。例えば——NHKの朝ドラで『あまちゃん』が放送されていた頃、法事があったので、僕は大阪に向かった。母親も熱心に見ていたので、番組の話をしながら、ひとしきり盛り上がった。その流れで、『あまちゃん』の2年前に放送され、僕が『あまちゃん』よりも好きだった朝ドラ『カーネーション』の話を振ってみたら突然、怒鳴るような口ぶりになったのだ。

「『カーネーション』はあかん！　ああいうのはあかん！」

驚いた僕は、努めて冷静な口調にしながら、理由を尋ねた。

「ああいう、下品な言葉遣いで、ぎゃーぎゃー騒ぐ女の主人公は好かんねん！」

「それは若い頃の自分ちゃうのん？」と心の中で思いながら、なぜそんなエキセントリックになるのか不思議に思った。さらに、

「あと、そもそも舞台が岸和田っちゅうところが嫌やねん」

この言葉に続けて、母親が語り出した岸和田という町への意見は、若い頃の母親が心から憎んでいた差別的な要素が紛れていると言わざるを得なかった。

何が起こったのだろう。

プライド——はつらつと教師の仕事に没頭し、不良生徒と格闘し、生徒やその親御さんからの感謝を浴びてきた人生のプライド、その消失が理由なのではないか。僕はそう思った。

だとすると、これは母親だけの問題ではないだろう。すべての人は老いていく。なんらかの形で、人はプライドを手放していく。プライドの喪失は、人格に影響を与える。母親の場合は、プライドと引き換えに、面倒くささを蓄えていったのではないか。

15年の春に、面倒くさい人の面倒を優しく見ていた父親が亡くなってからは、プライドの喪失に、最愛の存在の喪失も加わって、いよいよ面倒くさいこととなった。

自宅の周りを自転車で走っているときに転倒、利き手の右腕を骨折し、入院したのだが、本来なら、手術後しばらく、病室で安静にしているべきところを、家に帰ると言い出して聞かないのだ。看護師もお手上げ状態。兄貴と一緒に説得を試みたのだが、蓄えられた面倒くささのマグマが一気に噴出して止められず、結局わがままを聞く羽目となり、母親は家に戻った。

4

「ちょっと聞いたってや、1階のオカンの部屋のじゅうたんの上にな……」

「ん？　何があったん？」

「驚くなや、オカンのベン……便がやな……」

19年の秋、突然スマホにかかってきた兄貴からの電話は、母親に対するいつもの怒りを通り越して、嘆き、そして憐れみのトーンになっていた。何がどうなって、そのようなことになったのか分からないのだが、明らかに体調に異変が起きたようだ。信じがたいことだが、もしかしたら脳にも異常があるのかもしれない。

よくしたもので、小学生当時、梅のオッサンと会うために、一緒に銭湯に行ったムラモトが、近鉄中河内駅前で開業医をしており、母親のかかりつけ医だった。のちに知ったのだが、ムラモト先生に診てもらったタイミングで、母親の内臓、いや全身は、もう遅きに失していたようだ。

近所の大病院、いや中病院くらいの個室に、入院することとなった。もう家に帰るなどのわがままは言えない。それどころか、身体は一気に衰弱し、会話すらも、だんだんおぼつかなくなっていた。日帰りで大阪にお見舞いに行った。個室というのは裕福なもんだと思っていたのだが、行ってみて分かった。いわゆる末期専用のフロアにある病室なのだった。そのせいか、ひたすら静かで、人気も少ない。

病室に入ったら、カード式のテレビがついていた。母親は寝ていた。

がらんとした部屋の中、テレビの画面の中では、政治家なのか、タレントなのか分からない男たちが、ニュースなのか、バラエティなのか分からない番組で、さんざんと野卑な言葉遣いをしながら、さんざんけたたましく叫んでいる。

「働けへん奴、勉強せえへん奴、自堕落な奴は、助ける必要なんてないねん！」

「せやせや、あと、難民とか、甘えんなって言いたいわ！」

「なんでミサイル打ってくる国の学校、税金で支援したらなあかんねん！」

プライドを喪失し、そして今や生きていくエネルギーすら喪失しながら、目を閉じて眠っている母親に対して、このBGMはないだろうと思い、僕はテレビを消した。

するとと母親の目が突然、グッと開いた。僕の目を見た。そして、ゆっくりゆっくりこう言った――。

「大阪はな、弱い者《もん》らが夕暮れて、さらに弱い者たたきよる街になってしもたんや……」

と一言つぶやいて、また眠りに付いた。「せやなぁ、せやなぁ」と僕は、母親の手をさすって、何度も呟いた。

面倒くさくなっていった心、そして衰弱していった身体に残っていた、かすかな、かすかなプライド――。

結果的にこれが、僕と母親の最後の会話となった。

5

母親は結局、19年の秋、コロナを知らずに旅立った。そして、母親の死から約2年経った21年の秋、高1になる我が1人息子について、僕は妻から妙な噂を聞いたのだ。同じ高校の数名のグループでＳＮＳのアカウントを持って、どうも差別的な発言やヘイトスピーチまがいのことをしているらしい、と。

手がかりとなるいくつかのキーワードなどを入れて検索してみたのだが、さすがに噂の真偽はよく分からない。というか、こういうのは両親に分からないようにやるもんだ。

どうしたものかと思っていた、ある日の夜。家のリビングで、息子と２人だけになった。よし、単刀直入に聞いてやるかと思った、その瞬間――。

突然、僕を包み込むように、チャコールグレイの霧が発生した。そして、霧の奥から、様々な人影が現れた。

夜逃げしたヤスダ、イスタンブールのおばちゃん、阪神ファンの梅のオッサン、「セキグンハ」のトン吉・チン平・カン太、盗癖があったレコードのおばちゃん、学生運動崩れの學長、在日コリアンのキノシタ、ウーマンリブのホソダの姉ちゃん、ＲＣサクセションを歌ったオガワ、そして、ビートルズ好きのヤマセ先生――みんなが、当時のままの姿で現れた。

「なんやなんや？」

と当惑する僕に、連中が話しかけてくる。

「こういうのはな、ビシッと言うたらなあかんねん！」

いきなりホソダの姉ちゃんのハリのある声が耳をつんざく。

「ちゃうな。まずは丁寧に理由を聞くことが大事やな」

あの頃と違う、ヤマセ先生の説得力のある語り口。そしてオガワは、相変わらず音楽好きのようだ。

「こういう子にはな、ブルーハーツとか聴かせたいな」

「なるほどー。『TRAIN-TRAIN』なんかどうやろ?」

と僕が提案したその瞬間、なんと、死んだはずの母親まで現れた!

最後の会話をしたあの病室での衰弱した母親ではなく、プライドを喪失した母親でもなく、まだ中学の教師をしていた頃の、はつらつとした母親の姿だった。

母親は、僕に話しかけることもなく、いきなり歌い出した。あの『TRAIN-TRAIN』大阪弁バージョンを——。


「♪弱い者《もん》らが夕暮れて　さらに弱い者たたきよる」

夜逃げしたヤスダが、大阪弁ではなく正調で継ぎ足す。

「♪その音が響きわたれば　ブルースは加速していく」

最後はなぜか、ブルーハーツなんて絶対知らないはずのイスタンブールのおばちゃん、梅のオッサン、トン吉・チン平・カン太、レコードのおばちゃん、そして學長まで含めて、ニコニコしながら全体で大合唱だ。

「♪見えない自由がほしくて　見えない銃を撃ちまくる」

よし、乗ってきた。盛り上がってきた。僕も歌ってやろう。息子に対して――。

「♪本当の声を聞かせておくれよ」

突然の父親からの謎フレーズに驚いた息子は、目を見開いて一言。

「何それ、キモッ！」

息子には、僕の声しか聞こえていなかったようだ。そりゃキモいか、と思った瞬間、
バシッ!!

ホソダの姉ちゃんが僕の頭をひっぱたく。

「あっかんやん！　ヘタレパパ！」

「痛っ！　そんなん言うてもやな……」

などと言ってるとき、母親が制してくる。

「あんたな、こういうのは焦ったらあかんねん」

明らかに、あの頃の母親の声だった。

しかし亡くなった母親が現れたということは、もしかしたら、チャコールグレイの霧の中に集まった連中も全員……？　まさか……。

「あんたな、あそこでスマホ見つめてる、息子の目ぇ、ちゃーんと見たりぃや」

「どういうこと？」

「あの頃のあんたと同《おんな》じ目ぇしてるで。神経質そうで、線が細そうで……」

あっ！――と思った。そうだ。僕は「心の線が細い」と思われていたんだ。すっかり忘れていた。

今はもう50代の半ば。あの頃の心配はどこへやら、なんとか図太く生きてこれたではないか。

そして母親は、僕が大昔に聞いた、あの言葉を繰り返したのだった。

「心の線が細い人の気持ちが分かるんは、心の線が細かった人だけやで」

はるか40年以上前、僕が自家中毒から逃げ切った朝に、母親がくれた言葉。すると、

「おばちゃん、ええこと言うなぁ！　なんや教師みたいやな」

ホソダの姉ちゃんが叫んだ。連中みんなが笑った。母親も笑った。その瞬間――チャコールグレイの霧とみんなが、あっという間にスーッと消えていった。

6

それからの人生の中で僕は、『TRAIN-TRAIN』を口ずさむことが多くなった。

――♪栄光に向かって走るあの列車に乗って行こう

この歌に出てくる列車は「栄光」に向かって走っている。でも、僕の頭の中で走る列車は、近鉄中河内駅に向かって走っている。

OSAKA MOTHER'S SON

スージー鈴木

1966年大阪府東大阪市生まれ。作家・音楽評論家・ラジオDJ。早稲田大学政治経済学部卒業。著書に『恋するラジオ』（小社）、『中森明菜の音楽1982-1991』（辰巳出版）、『幸福な退職』『桑田佳祐論』『サザンオールスターズ1978-1985』（ともに新潮新書）、『EPICソニーとその時代』（集英社新書）など多数。

弱い者《もん》らが夕暮れて、さらに弱い者たたきよる
～ OSAKA MOTHER'S SON 1980 ～

2024 年 2 月 9 日　　初版第一刷発行

著　者　　スージー鈴木

装　丁　　片岡忠彦
装　画　　西川真以子
写　真　　高岡 弘

アドバイザー　原久仁子
編　集　　内田佑季　小宮亜里
営　業　　石川達也

発行者　　小川洋一郎
発行所　　株式会社ブックマン社
〒101-0065　千代田区西神田 3-3-5
TEL　03-3237-7777　　FAX 03-5226-9599
http://www.bookman.co.jp

ISBN 978-4-89308-969-4
印刷・製本　図書印刷株式会社